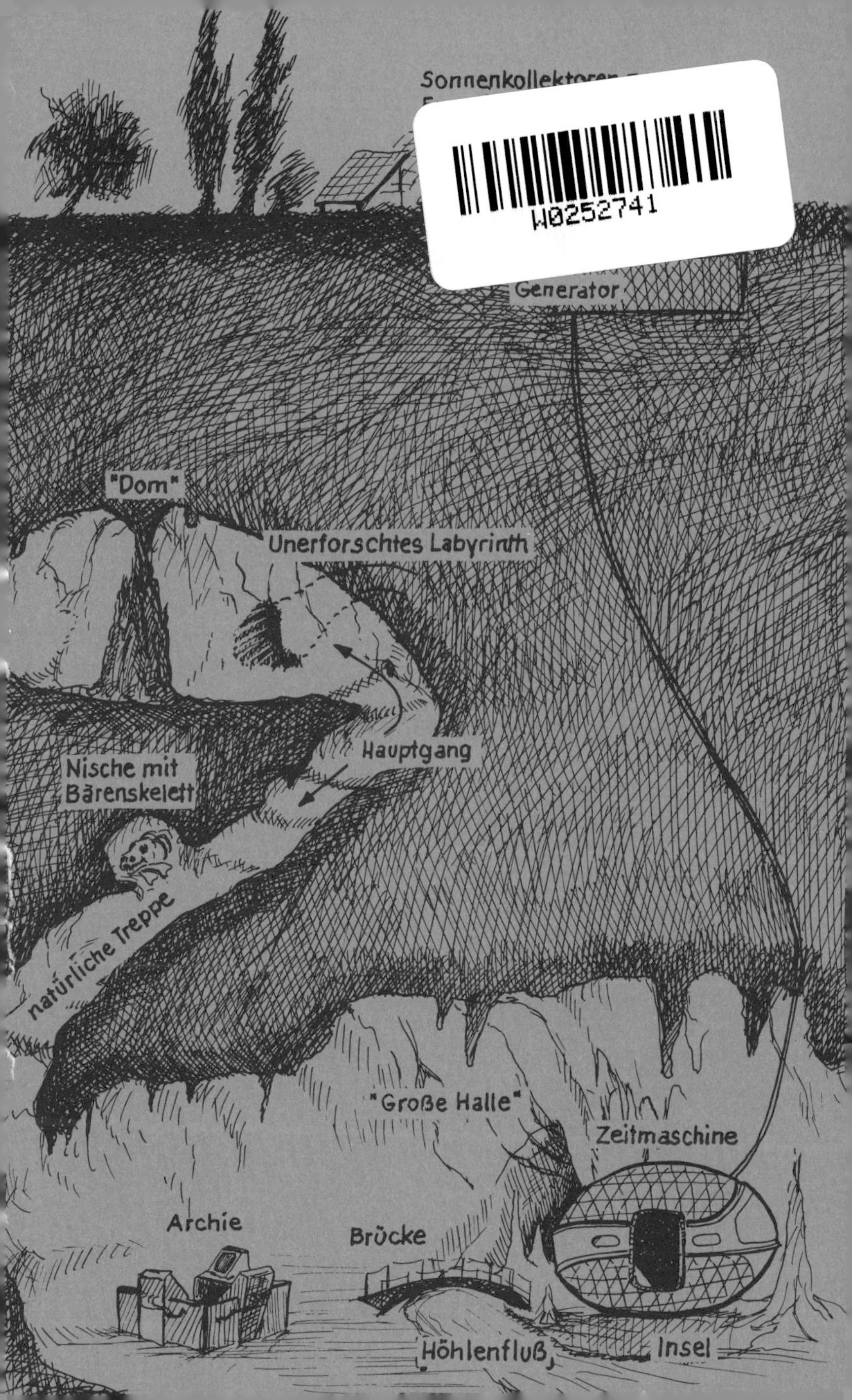

Sonnenkollektoren
Generator
"Dom"
Unerforschtes Labyrinth
Hauptgang
Nische mit Bärenskelett
natürliche Treppe
"Große Halle"
Zeitmaschine
Archie
Brücke
Höhlenfluß
Insel

ZEIT MASCHINE
STRENG GEHEIM

DIESES BUCH GEHÖRT:

____

____

Pelikan

Marliese Arold

Expedition nach Babylon

ILLUSTRATIONEN
FRANK ROSENZWEIG

ZEIT MASCHINE

STRENG GEHEIM

EIN ABENTEUERBUCH VON Pelikan

ISBN 3-8144-2307-0

Illustrationen: Frank Rosenzweig
Graphische Gestaltung: Leonore Wienstrath
Gesamtherstellung: Mohndruck
Printed in W.-Germany
Auflage 15 14 13 12 11 10 9 8 7 6 5 4 3 2 1

Inhalt

ZEIT MASCHINE

von Marliese Arold

Das sind die Abenteuer:

Die Höhlenmenschen vom Mammuttal
Die geheimnisvolle Goldgräberstadt
Der Smaragd von Bagdad
Die Rache des Druiden
Die Todeselefanten
Die Maske des Piraten
Expedition nach Babylon

Ambrosius Köhler
(genannt Professor Ambrosius)

Spinner oder Genie? Er ist Professor der Physik und hat früher an Hochschulen unterrichtet. Aber man hat ihn gefeuert. Seither ist der große, hagere Mann mit den grauen Haaren ziemlich launisch und menschenscheu. Auf Fremde macht er keinen besonders freundlichen Eindruck, weil er mit seinen Gedanken meistens woanders ist.

Professor Ambrosius ist der Großonkel von Heike und Michael Jaschke. Viele Jahre lang war er mit der ganzen Verwandtschaft verkracht, und mit etlichen Leuten ist er es auch heute noch, selbst wenn er inzwischen etwas zugänglicher geworden ist.

Seine dicke Hornbrille hat er endlich gegen eine weniger strenge Nickelbrille vertauscht, und auch die Haarlänge ist etwas erträglicher geworden. Seit dem Umzug nach Werthausen hat sich der Professor überhaupt positiv verändert – das findet jedenfalls Frau Schneider, seine Haushälterin. Wenigstens verbringt der Gelehrte nicht mehr die ganze Zeit in seinem muffigen Keller, sondern ist viel an der frischen Luft . . .

Frau Schneider ahnt ja nicht, welches Ziel Professor Ambrosius' Spaziergänge haben: Eine Tropfsteinhöhle, die er selbst entdeckt hat. Dort kann er nämlich ungestört seinen Experimenten nachgehen . . .

Und er hat schon Dinge erfunden, da würde mancher vor Neid erblassen . . .

Michael Jaschke

liebt nichts mehr als Krimis und Gruselgeschichten. Bei einem Skelett kann er schon mal schwach werden. Zum Ärger seines Deutschlehrers besitzt Michael eine überschäumende Phantasie. Was in seinen Aufsätzen steht, klingt nicht immer glaubhaft. Aber die Schule ist Michael ziemlich schnuppe. Es gibt wichtigere Dinge, findet der Zwölfjährige. Zum Beispiel die Zeitmaschine des Professors . . .

Mit seinem blonden Haar, den blauen Augen und den unzähligen Sommersprossen sieht Michael seiner Schwester überhaupt nicht ähnlich. Die ist außerdem viel schlanker. Doch richtig dick ist Michael nicht. Höchstens ein bißchen pummelig . . . Aber darauf kommt's ja nicht immer an. Hauptsache, man ist flink im Kopf, und außerdem – soooo unsportlich ist Michael auch wieder nicht! Und andere Leute nachahmen kann er super!

Übrigens ist es gut, wenn wenigstens einer nicht gleich den Humor verliert. Denn bei manchen Abenteuern kann dem Professor und den Kindern das Lachen schon vergehen . . .

Heike Jaschke

schwärmt für Tiere, besonders für Pferde. Von Skeletten hält die Vierzehnjährige nicht viel – im Gegensatz zu ihrem Bruder.

Heike ist groß und schlank, hat grüne Augen und braunes Haar, das sie meistens zu einem Pferdeschwanz zusammenbindet.

Heike kann gut zeichnen, und in der Schule ist sie eine der Besten. Sie bildet sich jedoch nichts darauf ein. Hochnäsigkeit kann sie nicht leiden. Überhaupt ist Heike ein echter Kamerad und verliert selbst in den heißesten Situationen nicht den Kopf – auch wenn ihr das Herz manchmal ziemlich flattert.

Thomas Pahl

Thomas ist fünfzehn Jahre alt, groß und schlaksig. Seine Locken sind so dunkel wie Moorteufels Fell. Moorteufel ist ein prächtiger Labradorhund, und seine Spürnase ist einzigartig. Moorteufel ist das letzte Geschenk von Thomas' Vater, der viel zu früh gestorben ist. Inzwischen hat Thomas' Mutter wieder geheiratet, aber mit seinem Stiefvater versteht sich Thomas nicht und geht ihm lieber aus dem Weg.

Thomas interessiert sich für Technik und kann scharf kombinieren. Etwas waghalsig ist er manchmal schon, und ab und zu schießt er auch übers Ziel hinaus. Trotzdem kann man mit ihm Pferde stehlen und sich auf sein Wort voll verlassen.

Früher hat Thomas direkt neben dem Professor gewohnt, und so hat er Heike und Michael kennengelernt. Inzwischen sind die drei unzertrennlich. Ganz klar, ohne sie wäre Professor Ambrosius ganz schön aufgeschmissen! Der hat nämlich ein Talent, von einer verzwickten Lage in die nächste zu geraten . . .

Unruhige Träume

„Na, was ist denn mit Ihnen los, Frau Schneider?“ fragte Professor Ambrosius, als die Haushälterin mit eisiger Miene an ihm vorbeimarschierte.

Frau Schneider, die offenbar nicht damit gerechnet hatte, angesprochen zu werden, zuckte zusammen. Zwei Gläser rutschten ihr vom Tablett und fielen zu Boden, wo sie krachend zerschellten.

„Huch! Meine Nerven!“

„Aber Frau Schneider ...“, begann der Professor besänftigend, doch die Haushälterin haspelte:

„Ich habe hundsmiserabel geschlafen, jawohl. Heute nacht und gestern nacht auch schon. Ich hatte fürchterliche Träume, die darf ich Ihnen gar nicht erzählen, weil Sie mich sonst gleich zum Arzt schicken. Heute abend trinke ich zwei Tassen Baldriantee oder noch besser ein großes Glas Milch ... Ich will endlich wieder vernünftig schlafen!“

„Was haben Sie denn geträumt?“ fragte Michael neugierig. „War's etwas Gruseliges?“

„Das verrate ich nicht“, schnaubte die Haushälterin. Kurz darauf fuhr sie in ruhigerem Tonfall fort: „Gruselig war's eigentlich nicht ...“

„Und wie sonst?“ Michael hatte schon Kehrichtschaufel und Handbesen geholt und fegte die Glasscherben zusammen.

„Ja, warum sind Sie denn erschrocken?“ wollte Professor Ambrosius wissen.

„Die Träume waren so schrecklich naturgetreu“, murmelte Frau Schneider. „Ich kann mich nicht erinnern, daß ich je etwas Ähnliches geträumt habe. Normalerweise weiß ich im Schlaf immer, daß es nur ein Traum ist und nichts mit der Wirklichkeit zu tun hat. Aber in den letzten beiden Nächten ...“ Sie hob die Augen zur Decke. „Es war, als hätte ich eine Reise in ein fremdes Land gemacht.“

„Das ist doch nicht schlimm“, sagte Michael.

„Doch“, widersprach die Haushälterin. „Jedesmal stand ich nämlich auf einem hohen Turm, und ich bin nicht schwindelfrei!

Grauenvoll war das! Ich konnte alles anfassen, das Geländer, die Wände ... Es war für mich so wirklich, wie es dieses Zimmer jetzt ist. Zugegeben, die Aussicht war wunderschön. Ich konnte direkt auf eine Stadt blicken ... Sie sah sehr fremd und eigenartig aus ... Ich bin sicher, daß es die Stadt irgendwo tatsächlich gibt, obwohl ich sie noch in keinem Reiseprospekt gesehen habe. Da war auch ein breiter Fluß, auf dem Boote fuhren ... Merkwürdige Boote, die vorne und hinten geschwungen waren ... Und dann bin ich eine endlose Treppe hinuntergestiegen." Sie schlug die Hände vors Gesicht. „Es war furchtbar!"

„Ich verstehe nicht, was daran so schrecklich ist", wunderte sich der Erfinder.

„Anschließend bin ich aufgewacht und war hier unten in der Küche", japste Frau Schneider. „Ich war zeitlebens ein nüchterner, realistischer Mensch und bin noch nie schlafgewandelt! Und nun das!" Sie schluckte und sah den Professor fest an. „Was hat dies nur zu bedeuten, Herr Köhler?"

Während Professor Ambrosius noch nach Worten suchte, bückte sich die Haushälterin und nahm Michael Schaufel und Besen weg. „Laß mich das machen! Man kann ja nicht mitansehen, wie ungeschickt du dich anstellst."

Michael räumte den Platz. Er war weit entfernt davon, beleidigt zu sein, denn er wußte, daß sich Frau Schneider in einer ganz miesen Stimmung befand. Der Professor stand noch immer gedankenversunken da, die Haushälterin kehrte um seine Beine herum und kommandierte: „Den linken Fuß heben!"

„Entschuldigung, Verzeihung, ich stehe Ihnen im Weg", stotterte der Erfinder und sprang zur Seite.

„Aber nicht dorthin, da sind die meisten Scherben!" schnaubte Frau Schneider. „Am besten gehen Sie ganz raus. Jawohl, raus aus der Küche! Alle beide!"

„Das war ein glatter Rauswurf", bemerkte Michael, als er und der Professor vor der Tür standen.

„Es ist schon merkwürdig", murmelte der Erfinder.

„Warum merkwürdig? Ist doch klar, daß sie heute gleich hochgeht."

„Michael", sagte der Professor unvermittelt, „kannst du dir vorstellen, daß sich Träume beeinflussen lassen?"

Michael zog die Augenbrauen hoch. „Naja, wenn man zuviel gegessen hat und kriegt dann ’nen Alptraum, darf man sich nicht wundern. Oder wenn man Probleme in der Schule hat und deswegen vom Lehrer träumt ... Was glaubst du, wie oft ich schon von meinem Deutschlehrer –“

„Das meine ich nicht“, stoppte der Erfinder Michaels Redefluß. „Ich will wissen, ob du zum Beispiel glaubst, daß ein kleines elektronisches Kästchen, das sich in meinem Schlafzimmer befindet, Einfluß auf die Träume von Frau Schneider haben könnte?“

„Onkel Ambrosius“, sagte Michael vorwurfsvoll, „was hast du jetzt schon wieder ausgeheckt?“

„Nichts, eigentlich gar nichts“, antwortete der Professor und wurde ein wenig rot, „ich mußte doch eine neue Fernbedienung für meine Zeitmaschine basteln, und da dachte ich ... das heißt, mir kam ganz spontan der Einfall ...“ Er blickte Michael durch seine Brille hindurch an, und der Junge sah, wie die Augen des Professors funkelten. Wie gut er dieses Anzeichen kannte!

„Du weißt, ich experimentiere noch immer herum, wie man gefahrlos einen Blick in die Vergangenheit tun kann. Jetzt bin ich der Lösung sehr nahe. Ich habe einen Zeit-Traum-Apparat entwickelt.“

Michael runzelte die Stirn. „Einen was?“

„Na, eben eine Maschine, die einen während des Schlafs in die Vergangenheit schickt. Das heißt, körperlich bleibt man natürlich da, nur im Kopf geht man auf Reisen. Folglich kann einem auch nichts passieren – von wegen Verhaftung, Kidnapping und ähnliche Unannehmlichkeiten ...“ Professor Ambrosius seufzte bei der Erinnerung. Welche haarsträubenden Abenteuer hatten er und die Kinder auf ihren Reisen mit der Zeitmaschine schon erlebt! Das sollte jetzt endlich anders werden!

Michael schaute ziemlich skeptisch drein. Erstens fand er die Zeitmaschine gar nicht so schlecht, und zweitens gingen die „sensationellen“ Einfälle seines Großonkels in der letzten Zeit immer irgendwie daneben.

„Warte nur, bis mein Zeit-Traum-Apparat fertig ist“, kündigte Professor Ambrosius an. „Dann bist du begeistert. Wenn das Ganze funktioniert, willst du sicher einen solchen Apparat mit nach Hause nehmen. Und die Industrie wird sich bestimmt auch dafür interessieren. Vielleicht gibt es sogar eine Serienproduktion: Ambrosius' Traumreisen ..."

„Hoffentlich werden es keine Alpträume", murmelte Michael düster.

In diesem Augenblick klingelte es an der Haustür. Thomas und Heike kamen von einem Dauerlauf zurück. Obwohl es schon den ganzen Morgen nieselte, hatten sie sich nicht davon abschrecken lassen, Frühsport zu treiben. Moorteufel, der schwarze Labradorhund, schoß an ihnen vorbei in den Flur. Dort schüttelte er die Tropfen aus seinem Fell.

„Iihhh, du Ferkel!" Michael sprang zurück. „Wann bringst du deinem Hund endlich mal Manieren bei, Thomas?"

„An dem Tag, an dem du beim Jogging mitmachst", entgegnete Thomas lachend. „Mann, jetzt hab' ich aber Kohldampf." Er wollte in die Küche stürmen, aber Michael warnte:

„Vorsicht, schlechte Laune!"

„Frau Schneider?" erkundigte sich Heike. „Wieso denn?"

„Frag Onkel Ambrosius", gab Michael zurück. „Der brütet gerade seine neuste Super-Erfindung aus, die leider harmlose Haushälterinnen beim Schlafen stört. Aber es wird angeblich ein irres Ding, nämlich ein Zeit-Traum-Apparat ..."

„Ich versteh' kein Wort", sagte Heike.

„Ihr sollt euch nicht dauernd über mich lustig machen!" brummte der Professor und verschwand beleidigt treppaufwärts.

Heike schaute entgeistert von einem zum anderen. „Dicke Luft hier, wie?"

„Ein bißchen", bestätigte Michael. „Hochgradige Nervosität bei aufkommenden Wutausbrüchen und fliegende Fetzen aus nordöstlicher Richtung. Die weiteren Aussichten: Keine wesentliche Stimmungsverbesserung."

„Na, du machst einem wieder Hoffnungen", sagte Heike und stieß die Luft aus. „Ich zieh' mich jetzt um." Sie stürmte ebenfalls die Treppe hinauf.

Oben im Flur prallte sie fast auf Professor Ambrosius, der mit einem Zollstock die Wand ausmaß.

„Nanu, willst du umbauen oder neu tapezieren?" fragte Heike.

„Ich will wissen, wieviele Meter zwischen meinem und Frau

Schneiders Zimmer liegen“, murmelte der Professor. „Möglicherweise ist die Reichweite des Zeit-Traum-Apparats zu groß eingestellt, und ich erzeuge damit unliebsame Strahlungen ... Hm, sechs Meter achtzig ...“ Er wollte den Zollstock wieder zusammenknicken, aber bog ihn versehentlich nach der verkehrten Seite um. Holz splitterte, und er hatte zwei Teile des Zollstocks in der Hand.

„Verflixt und zugenäht, ich habe wirklich ein Talent dafür, solche Dinger zu ruinieren!“

„Ich höre dauernd Zeit-Traum-Apparat“, hakte Heike nach. „Eine neue Erfindung von dir?“

„Sie ist noch nicht ganz fertig“, sagte der Professor „Aber dieser Apparat bringt mir vielleicht den Durchbruch. Wenn man ihn richtig anwendet, stellt er für den Zeitreisenden keinerlei Gefahr dar, und auch der Reisende ist außerstande, Schaden oder Verwirrung in der Geschichte anzurichten. Man träumt sich in eine fremde Zeit hinein. Ich benutzte dazu die modernsten Erkenntnisse der Schlafforschung ... Herrje, du schaust genauso argwöhnisch drein wie dein Bruder!“

„Ich finde die Zeitmaschine eigentlich ganz in Ordnung“, antwortete Heike.

„Aber die Gefahr der Vergangenheitsänderung, Heike! Wir geraten ständig von einem Schlamassel ins nächste. Wenn ich auch noch so oft predige, daß wir uns nicht einmischen sollen, so sind wir doch immer wieder gezwungen, Dinge zu tun, die ich im Nachhinein scharf verurteile. Meistens geschieht es zwar, um unsere Haut zu retten, aber trotzdem ...“

Heike hatte die Arme verschränkt und hörte mit finsterem Gesicht zu. „Und nun? Willst du die Zeitmaschine etwa verschrotten?“

„Aber nein! Ich suche lediglich nach neuen Wegen, wie man Zeitreisen für viele Leute möglich machen kann ...“

„So, und wann eröffnest du dein Zeitreisebüro?“ erwiderte Heike schnippisch. Der Plan des Professors gefiel ihr nicht. Sie wollte nicht, daß andere Menschen das erlebten, das sie, Michael und Thomas bisher als ihr Vorrecht betrachtet hatten. Klar, das war Eifersucht pur! Trotzdem ...

Wütend ging sie in ihr Zimmer und schmetterte die Tür hinter sich zu. Professor Ambrosius schüttelte draußen im Flur entgeistert den Kopf.

„Was hat sie nur?“ Er betrachtete wieder die beiden Zollstockteile in seinen Händen und steckte sie seufzend in die Tasche. „Sechs Meter achtzig, das ist nahezu unmöglich. Ich muß unbedingt den Trimmpotentiometer schwächer einstellen, damit Frau Schneider nicht mehr im Schlaf gestört wird ...“

Als er sich umwandte, stieß er auf Thomas und Michael.

„Können wir den Apparat, den du gebaut hast, sehen?“ fragte Michael.

„Aber ich bin noch längst nicht fertig“, wehrte der Professor gleich ab. „Und ihr wißt doch genau, wie ich es hasse, unvollendete Erfindungen ...“ Er brach ab und gab nach. „Meinetwegen.“

Er führte die Jungen in sein Schlafzimmer. Auf dem Nachtschränkchen stand ein kleiner, flacher Kasten, der aussah wie ein Ladegerät für Batterien. An der Rückwand ragte eine Antenne empor. Sie reichte fast bis zur Zimmerdecke. Am vorderen Teil des Geräts waren etwa zwanzig bunte Strippen eingestöpselt. Kleine Plastiksaugnäpfe waren an den Enden befestigt. An der Wand hing ein Diagramm mit zackigen Linien.

„Versuchsdauer“, entzifferte Michael die Krakelschrift des Professors. „Schlafperiode ... mittlere Traumdichte ... Phase des Tiefschlafs ...“

„Es funktioniert noch nicht hundertprozentig“, erklärte Professor Ambrosius. „Mir ist es jedenfalls nicht gelungen, ein einziges Mal von der Vergangenheit zu träumen. Ich dachte schon, daß ich den ganzen Apparat falsch konstruiert habe, aber offenbar treffen die Signale, die meinen Traum steuern sollen, auf das verkehrte Ziel.“ Er schluckte und blickte die beiden Jungen an. „Nämlich auf Frau Schneider.“

Thomas betrachtete den eigenartigen Apparat. Dann streckte er die Hand aus und berührte die Antenne. Sofort gab es einen Funken und einen gedämpften Knall.

„Bitte Vorsicht“, sagte der Professor ungehalten.

„Entschuldigung. Ich wußte nicht, daß der Apparat eingeschaltet ist.“

„Warum bekommt nur Frau Schneider schlechte Träume und wir nicht?“ warf Michael ein.

„Ich nehme an, daß der Wirkungsbereich des Apparats gerade bei sechs Meter achtzig liegt und alle darunter und darüberliegenden Werte nicht betroffen sind."

„Hm ..." Michael näherte sich dem Kästchen mit gehörigem Respekt. „Das Ding ist also eine Traumzeitmaschine?"

„Ein Zeit-Traum-Apparat", korrigierte der Erfinder. „Er wirkt, sobald der Schläfer die REM-Phase erreicht hat. REM – das bedeutet Rapid Eye Movement, also die Phase, in der sich die Augäpfel des Schläfers schnell bewegen. Dies ist ein Anhaltspunkt dafür, daß man gerade aktiv träumt. Wenn dabei die Gehirnströme gemessen werden, zeigt sich ein unverwechselbares Muster. Sobald dieses Muster erscheint, schaltet sich mein Apparat ein." Der Professor legte die Finger an die Nase. „Hier liegt aber noch eine Fehlerquelle. Wenn ich meinen REM-Schlaf habe, beginnen Frau Schneiders Träume!"

„Jedenfalls wissen wir jetzt, woher ihre Schlafstörungen kommen." Michael grinste. „Und was gedenkst du zu tun, Onkel Ambrosius? Wirst du ihr alles beichten?"

„Von wegen!" schnaubte der Professor. „Ich werde den Apparat anders einstellen und die Spannung etwas herunterschrauben. Heute nacht werden wir ja sehen, ob es funktioniert ..."

„Bist du noch wach?" flüsterte Heike. Als keine Antwort kam, drückte sie vorsichtig die Tür zu Thomas' Zimmer auf. Fast augenblicklich richtete sich der Strahl einer Taschenlampe auf sie.

„Ach, du bist es", stieß Thomas erleichtert aus. „Ich dachte schon, Frau Schneider würde wieder schlafwandeln und hätte sich in der Zimmertür geirrt."

„Entschuldige, daß ich jetzt noch hier reinplatze, aber ich habe so ein komisches Gefühl", murmelte Heike. „Immer muß Onkel Ambrosius das Versuchskaninchen spielen. Irgendwann geht das total schief und dann –" Sie stockte. „Ich habe vor einer halben Stunde an seiner Zimmertür gelauscht, aber gar nichts gehört, kein Atmen – nichts. Es macht mir Angst, Thomas."

„Wie spät ist es denn?" Thomas schaute auf die Leuchtziffern seiner Armbanduhr. „Hm, fast Mitternacht ..."

„Ich hab' bei Michael geklopft", berichtete Heike. „Aber der schläft wie ein Stein."

„Von wegen“, ertönte eine Stimme. „Hier bin ich. Du hast’s nur so furchtbar eilig gehabt.“ Er streifte ein T-Shirt über seinen Kopf. „Wo brennt’s denn?“

„Mit Onkel Ambrosius stimmt etwas nicht“, antwortete Heike. „Sein Zimmer ist abgeschlossen, ich hab’s vorhin probiert.“

Die Kinder huschten auf den Flur und lauschten vor der Schlafzimmertür des Professors. Es war genauso, wie Heike es beschrieben hatte: Kein Laut drang aus dem Zimmer, und die Tür war versperrt. Auf Klopfen reagierte der Erfinder nicht.

Michael bückte sich und spähte durchs Schlüsselloch. „Zu dunkel, ich seh' nichts“, brummte er. Gleich darauf hustete er. „Puh, irgendwie riecht's da drin verschmort.“

„Ich hab's doch gewußt“, stammelte Heike. „Da ist was schiefgelaufen.“

„Sollen wir die Feuerwehr rufen?“ fragte Michael voller Panik.

„Versuchen wir erst einmal, ob ein anderer Schlüssel paßt“, schlug Thomas vor.

Mit dem Toilettenschlüssel hatten sie schließlich Glück. Heike konnte ihn herumdrehen. Die Tür sprang auf. Michael knipste die Deckenbeleuchtung an.

„Er ist gar nicht hier!“

Die Kinder waren vor Überraschung starr. Heike betrachtete den Zeit-Traum-Apparat. Er war eingeschaltet, zwei rote Lämpchen glühten sanft, und die bunten Strippen lagen auf dem Bett. Dieses sah aus, als sei es gerade eben noch benutzt worden. Die Bettdecke war aber ganz flach. Der Professor konnte sich unmöglich darunter verstecken. Außerdem waren solche Scherze nicht seine Art. Michael warf Heike und Thomas einen fragenden Blick zu, dann schlug er behutsam die Decke zurück.

„Nein!“ Heike preßte die Hände auf ihren Mund, um nicht aufzuschreien.

Auf dem weißen Bettuch zeichnete sich eine dünne, leicht angesengte Linie ab. Man erkannte ganz deutlich die Umrisse des Professors.

Der Erfinder aber war verschwunden!

Eine abenteuerliche Suche

„Ganz ruhig“, murmelte Michael, aber die Ermahnung galt genauso für ihn selbst. „Es bringt nichts, wenn wir jetzt alle durchdrehen. Wir müssen vernünftig überlegen.“

Heike starrte noch immer auf das Bettuch und war unfähig, ein Wort zu sagen. Das Entsetzen lähmte sie.

„Offenbar hat der Zeit-Traum-Apparat funktioniert“, sagte

Thomas und bemühte sich um einen sachlichen Tonfall. „Bloß nicht so, wie der Professor gedacht hat. Anstatt nur seinen Geist in eine fremde Zeit zu versetzen, hat das Gerät den ganzen Körper erfaßt."

„Folglich müßte sich Onkel Ambrosius jetzt irgendwo in der Vergangenheit befinden", meinte Michael.

„Glaubt ihr, wir haben eine Chance, ihn zu finden?" fragte Heike. „Wenn wir die Zeitmaschine benutzen ..."

„Das werden wir auch tun, verlaß' dich drauf", sagte Thomas entschlossen. „Diesen Zeit-Traum-Apparat verwenden wir bestimmt nicht." Düster blickte er auf das unheilvolle Ding. „Wir brauchen aber wenigstens einen Anhaltspunkt, wo wir den Professor suchen sollen."

Michael schnippte mit den Fingern. „Wir fragen Archie!"

Archie war der Computer, den Professor Ambrosius gebaut hatte. Er war ein Computer der Klasse KI, also eine „Künstliche Intelligenz", und somit fähig, selbständig zu denken und Entscheidungen zu treffen. Archies Hauptaufgaben waren die Steuerung der Zeitmaschine und die Bewachung der Tropfsteinhöhle, damit kein Unbefugter die Erfindung des Professors anrührte.

„Archie weiß auch nicht alles", baute Thomas gleich zu großen Erwartungen vor. „Aber vielleicht kann er uns wenigstens ein paar Tips geben."

„Meint ihr, wir sollen dieses Ding da mitnehmen und Archie zeigen?" Michael wies mit dem Kopf auf den Zeit-Traum-Apparat.

„Ich rühre das Gerät nicht an", schwor Heike. „Am Ende schleudert es uns auch in die Vergangenheit, und dann sind wir für alle Zeiten verloren."

„Mal langsam", sagte Thomas. „Den Apparat kann man sicher irgendwo ausschalten." Er ließ sich auf die Knie nieder und untersuchte, wohin die elektrische Leitung des Geräts führte. „Na also. Das Ding ist an eine ganz normale Steckdose angeschlossen. Wenn ich das Kabel herausziehe, dürfte eigentlich nichts mehr passieren."

„Sei bloß vorsichtig", warnte Heike. Sie hielt den Atem an, als Thomas nach dem Netzstecker griff. Michael preßte vorsichtshalber die Hände auf die Ohren.

Zunächst geschah nichts.

„Hab ich's nicht gesagt?" fragte Thomas. „Völlig harmlos."

Doch da entstand an der Antennenspitze ein orangenfarbener Lichtring. Als er ungefähr Tellergröße erreicht hatte, löste er sich vom Stab und schwebte langsam durchs Zimmer. Fassungslos sahen die Kinder ihm nach. Als er den Vorhang berührte, platzte er mit einem kurzen trockenen Knall.

„Du kannst mir tausend Mark geben, aber ich werde das Ding nicht anfassen", murmelte Michael düster. „Es ist mir nicht geheuer. Dieser Apparat hat schon genug Unheil angerichtet. Frau Schneider ist unter die Schlafwandler gegangen, Onkel Ambrosius hat sich in Luft aufgelöst, und nun segeln auch noch fliegende Untertassen durchs Zimmer."

Thomas räusperte sich. „Jetzt ist bestimmt keine Spannung mehr drauf." Er rückte einen Stuhl zur Wand, stieg hinauf und schob die Antenne zusammen.

„Alle Achtung, du bist mutig", brummte Michael. „Ich wär' vor Angst gestorben. Ich traue den Dingern nicht, die aus Onkel Ambrosius' Hexenküche stammen ... Seine Erfindungen sind alle ohne Garantie!"

„Soll ich meine Sporttasche holen?" fragte Heike. „Der Zeit-Traum-Apparat paßt da sicher prima rein."

„Gute Idee." Thomas nickte. Er sah sich suchend im Schlafzimmer um. Dann zog er die Nachttischschublade auf.

„Ich hab' richtig geraten. Hier liegt sie: die Fernbedienung für die Zeitmaschine! Die sollten wir besser mitnehmen."

„Und unsere Kapseln mit den Sprachpillen dürfen wir auch nicht vergessen", erinnerte sich Michael. Mit Hilfe der Pillen konnte man in Windeseile eine fremde Sprache erlernen. Diese Erfindung des Professors hatte ihnen schon oft unbezahlbare Dienste geleistet.

Eine Viertelstunde später verließen die Kinder und Moorteufel heimlich das Haus. Der Mond versteckte sich hinter den Wolken. Es nieselte leicht.

„Wie ungemütlich", stellte Heike fest. Sie sehnte sich nach ihrem Bett. Gleich darauf machte sie sich heftige Vorwürfe. Wie konnte sie daran denken, genüßlich zu schlafen, während sie nicht wußte, was mit ihrem Großonkel geschehen war?

An der Stelle, an der der Höhentalweg in einen Feldweg überging, hörten die Straßenlampen auf, und es war stockfinster. Zum Glück hatte Thomas seine Taschenlampe mitgenommen. Nach gut zehn Minuten hatten sie den alten Steinbruch erreicht, wo sich der Eingang zur Tropfsteinhöhle befand. Die Kinder zwängten sich durch die schmale Öffnung.

„Hoffentlich hilft uns Archie weiter", brummte Michael. „Ich hab' das Gefühl, wir sind wieder mal in eine ganz verflixte Sache geraten."

In diesem Augenblick flammten weiter vorne Lichter auf, und eine Stimme forderte sie auf: „Bitte identifizieren Sie sich."

Sie waren am Kontrollpunkt angelangt.

„Wir sind's, Archie", antwortete Heike. Kleinlaut fügte sie hinzu: „Allerdings ohne Onkel Ambrosius."

„Ich weiß nicht, ob ich euch dann weiterlassen darf", kam es ein wenig zögernd aus dem Lautsprecher an der Decke.

„Du mußt, Archie", sagte Thomas. „Dem Professor ist nämlich ein Unfall passiert."

„Ein Unfall?" Archies Stimme klang äußerst beunruhigt. „Was ist mit meinem Schöpfer geschehen? Ist er in Lebensgefahr?"

„Das wissen wir nicht", erwiderte Michael. „Wir wissen überhaupt nicht, wo er ist. Ihn hat's irgendwohin verschlagen – und um diesen Ort herauszufinden, dazu sind wir da."

„Oh." Archie räusperte sich. „Wenn das so ist, könnt ihr selbstverständlich passieren."

Es wurde hell. Von nun an war der Gang gut beleuchtet. Diesmal gingen Heike, Michael und Thomas achtlos an den Tropfsteinen vorbei. Weder dem „Dom" noch dem versinterten Bärenskelett schenkten sie mehr als einen Blick. Endlich kamen sie in die Halle mit dem Höhlenfluß. Am Ufer stand die große Computeranlage. Über der kleinen Insel flimmerte die Luft ab und zu in allen Regenbogenfarben – ein Zeichen, daß sich die Zeitmaschine momentan in der fünften Dimension befand und erst herbeigeholt werden mußte.

„O Mann", stieß Michael in diesem Augenblick aus. „Mir ist gerade etwas Furchtbares eingefallen: Was ist, wenn es Onkel Ambrosius in die fünfte Dimension gefetzt hat? Den kriegen wir doch nie wieder!"

Die Kinder sahen sich voller Bestürzung an. Einmal hatten sie selbst die fünfte Dimension erlebt, und das war der schauderhafteste Ort, den man sich vorstellen konnte. In der fünften Dimension gab es keine Zeit, und alle physikalischen Gesetze waren auf den Kopf gestellt. Weder Heike, Michael noch Thomas hatten Lust, dieses gräßliche Abenteuer zu wiederholen.

„Archie“, sagte Thomas eindringlich, „du mußt uns bei der Suche nach Professor Ambrosius unterstützen. Ohne dich sind wir aufgeschmissen.“

Auf dem Computer gingen ein paar Lämpchen an und flackerten nervös.

„Ich werde alles tun, um meinen Schöpfer zu retten – sofern ich es vermag.“

Thomas berichtete nun, was geschehen war. Daraufhin schwieg Archie eine Weile. Er mußte das, was er erfahren hatte, erst verarbeiten. Endlich sagte er:

„Die Anhaltspunkte sind sehr dürftig. Ich benötige ausführlichere Informationen, um den möglichen Aufenthaltsort meines Schöpfers zu lokalisieren.“

Die Kinder wechselten ratlos einen Blick. „Vielleicht könnte ich von Frau Schneider mehr erfahren“, schlug Archie vor.

„Aber das ist völlig unmöglich“, rutschte es Michael heraus. „Sie weiß doch gar nicht –“ Er brach ab.

„Was weiß sie nicht?“ fragte Archie geduldig.

„Na, daß es dich überhaupt gibt. Daß Onkel Ambrosius eine Zeitmaschine gebaut hat. Und daß sich hier eine Tropfsteinhöhle befindet“, sprudelte Michael heraus.

„Wenn das so ist ... das ändert die Sache natürlich gewaltig“, murmelte der Computer. Nach zwei Sekunden erschien auf einem der drei Monitore ein großes Fragezeichen, und Archie fragte gedrückt: „Gibt es einen besonderen Grund, daß der Professor meine Existenz geheimhält?“

„O nein“, antwortet Heike schnell. Sie wußte, wie leicht Archie manchmal beleidigt war. „Es ist bestimmt nicht persönlich gemeint. Onkel Ambrosius will nur nicht, daß andere Leute von seiner Zeitmaschine erfahren. Er hat nämlich Angst, daß sie dazu mißbraucht wird, die Vergangenheit zu ändern, oder daß die Leute von dort Schätze mitgehen lassen ...“

„Ach so, ich erinnere mich“, sagte Archie. Seine Stimme klang erleichtert. „Es hat also nichts mit mir zu tun.“

„Ganz sicher nicht“, bekräftigte Heike.

Jetzt kam Thomas auf ihr Anliegen zurück. „Wir haben den Zeit-Traum-Apparat dabei. Vielleicht kannst du etwas damit anfangen, Archie.“

Vorsichtig nahmen er und Heike das Gerät aus der Tasche. Archie gab Anweisungen, wohin sie den Apparat stellen sollten. Dann befahl ihnen der Computer, die Strippen mit den Saugnäpfen an bestimmten Punkten der Anlage zu befestigen. Thomas zögerte. Wenn Archie nun durch den unberechenbaren Zeit-Traum-Apparat ruiniert wurde! Dann konnten sie einpacken und zwar endgültig!

Archie wiederholte unterdessen seine Aufforderung.

„Ganz wie du willst“, brummte Thomas. „Aber mach mir hinterher keine Vorwürfe.“

Nachdem der letzte Saugnapf angeklebt war, überprüfte Archie das Gerät.

„Fehler! Keine Spannung!“

Heike stöpselte mit zitternden Fingern den Netzstecker in eine Steckdose, die an der Vorderseite der Computeranlage angebracht war.

„Wenn Archie jetzt in Dornröschenschlaf fällt, sind wir schuld“, bemerkte Michael. „He, wovon träumen Computer denn normalerweise, Archie?“

Doch Archie gab keine Antwort mehr. Auf den drei Bildschirmen ratterten in schneller Folge Zahlen vorbei. Es war zu schnell, um Einzelheiten zu erkennen. Landkarten tauchten auf, Quadrate markierten Flüsse und Gebirge. Dann erschienen auf den Monitoren alle möglichen Türme. Heike sah einen Sekundenbruchteil lang den Eiffelturm, den schiefen Turm von Pisa, danach ein unbekanntes Bauwerk, das sich fast bis zum Himmel erstreckte ... Schließlich wurden alle Bildschirme gleichzeitig dunkel.

„Daten ungenügend“, meldete Archie.

Heike stieß einen tiefen Seufzer aus. Klar, es wäre zuviel verlangt gewesen, wenn der Computer gleich den genauen Ort und die exakte Zeit herausgefunden hätte, wohin Professor

Ambrosius versetzt worden war. Aber insgeheim hatte Heike schon auf ein gutes Ergebnis gehofft ...

„Womit können wir ihn jetzt noch füttern?“ überlegte Michael.

„Das war alles, was wir haben“, erklärte Thomas. Eindringlich sagte er: „Archie, bitte hilf uns! Welche Vermutungen hast du? Wo hält sich Professor Ambrosius nach deinen Berechnungen auf?“

Es dauerte eine Weile, bis Archie antwortete. Nur die flackernden Lämpchen zeigten, daß der Computer die Frage registriert hatte. Endlich begann Archie stockend: „Wollt ihr das wirklich wissen?“

Irgend etwas an seinem Tonfall ließ die Kinder aufhorchen.

„Natürlich wollen wir es wissen“, erwiderte Thomas. „Dazu sind wir ja da.“

„Nun gut“, sagte Archie. „Wenn es euer ausdrücklicher Wunsch ist ...“ Seine Stimme wurde sachlich und unpersönlich: „Mit einer Wahrscheinlichkeit von sechsundsechzig Komma drei neun Prozent kam der Wissenschaftler Ambrosius Köhler bei dem Versuch um, seinen sogenannten Zeit-Traum-Apparat auszuprobieren. Vermutlich sind vierundvierzig Prozent seiner Moleküle ins sechste Jahrhundert vor Christus geschleudert worden, während sich die restlichen sechsundfünfzig Prozent der Moleküle möglicherweise bis ins vierte Jahrtausend nach Christus verteilen. Jeder Versuch, die verstreuten Moleküle wieder einzufangen und zusammenzuführen, kann als sinnlos betrachtet werden.“

Heike klammerte sich an Thomas’ Arm. Michael wurde kreidebleich.

„Kneif mich“, hauchte er. „Ich hab’ mich verhört. Oder Archie ist verrückt geworden. Onkel Ambrosius ...“

„Es darf nicht wahr sein!“ Heike schrie es fast.

„Nein“, flüsterte Archie. „Wenn mein Schöpfer tot ist, will auch ich nicht mehr weiterrechnen. Jede Kalkulation ist fortan ohne Sinn und Zweck. Ich werde noch heute nacht durchrosten.“

„Hört auf“, sagte Thomas streng. „Schließlich sind es nur Vermutungen. Sicher ist gar nichts. Archie, welche Möglichkeiten hast du noch anzubieten?“

Es dauerte einen Moment, bis sich Archie wieder gefangen hatte und vernünftig antworten konnte.

„Mit einer Wahrscheinlichkeit von siebenundzwanzig Komma

vier eins Prozent wurde der Professor ins sechste vorchristliche Jahrhundert versetzt. Bei dem Turm, von dem Frau Schneider sprach, könnte es sich um den Turm von Babel handeln. Dies sind allerdings nur Mutmaßungen, und ich erhebe keinen Anspruch auf Richtigkeit."

„Na also, das klingt schon besser", bemerkte Thomas. Fragend sah er seine Freunde an. „Was meint ihr?"

Michael hob langsam die Schultern. „Archie soll die Zeitmaschine herbeiholen."

Heike war ein bißchen blaß, aber sie nickte.

„Okay, Archie", murmelte Thomas. „Du hast's gehört. Wir müssen Professor Ambrosius suchen."

Statt einer Antwort erschien auf dem linken Monitor die Schrift:

Finis 5 – D

Gleich darauf flimmerte auf der Insel die Luft. Die Umrisse der Zeitmaschine wurden sichtbar. Schließlich hatte die Maschine ihre übliche Gestalt angenommen – sie ähnelte einem riesigen, querliegenden Ei. Ihre unzähligen Solarzellen glitzerten im Licht, und Heikes Herz begann heftig zu klopfen. Diesmal würden sie ohne den Professor in die Vergangenheit fahren ...

„Los, komm schon", drängte Michael. „Oder hast du Angst?"

Heike schüttelte den Kopf. Angst war nicht der richtige Ausdruck. Eher Zeitreisefieber ...

Die Kinder betraten die schmale Eisenbrücke, die über den Höhlenfluß führte. Unter ihnen schimmerte das klare Wasser. Heike wußte, daß der Fluß in Wirklichkeit viel tiefer war, als es den Anschein hatte.

Thomas berührte einen Schalter an der Zeitmaschine, und die Einstiegsluke glitt auf. Moorteufel sprang ohne Zögern hinein.

„Der kann's gar nicht abwarten", witzelte Michael. „Thomas, dein Hund ist geradezu süchtig nach Abenteuern. Ist das eigentlich normal? Vielleicht solltest du mal zum Tierarzt –"

„Ich verstehe nicht, wie du jetzt noch blöde Bemerkungen machen kannst", fauchte Heike ihn an. „Mir flattern jedenfalls die Nerven, solange ich nicht weiß, was mit Onkel Ambrosius passiert ist."

„Okay, okay, wir sind alle nervös“, brach Thomas den Streit zwischen den Geschwistern ab. „Hoffentlich kommen wir mit der Zeitmaschine zurecht. Das bereitet mir im Moment am meisten Kopfzerbrechen.“

Die Kinder nahmen auf den Sitzen Platz.

„Alles klar, Archie?“ fragte Thomas. „Ist die Maschine startbereit?“

„Ich habe alles überprüft. Es liegen zur Zeit keine Störungen vor“, erklang Archies Stimme aus dem Lautsprecher am Armaturenbrett. Der Bordcomputer und die Computeranlage am anderen Ufer bildeten ein System, aber beide Teile funktionierten auch unabhängig voneinander.

Die Einstiegsluke schloß sich.

„Du bringst uns also dorthin, wo wir nach deinen Berechnungen vielleicht den Professor finden könnten“, faßte Thomas noch einmal zusammen. Vorsichtshalber fügte er hinzu: „Aber bitte keine Scherze mit irgendwelchen verstreuten Molekülen, ja?“

„Bin ich vielleicht ein verkalkter Taschenrechner?“ gab Archie ein wenig schnippisch zurück. „Ich werde euch nach Mesopotamien bringen, ins sechste Jahrhundert vor Christus. Es regiert König Nebukadnezar II. Dann müßt ihr leider allein weitersuchen ...“

Heike schluckte, als Thomas den Starthebel herunterdrückte. Die Maschine begann zu dröhnen. Als die Kinder durch eines der kleinen Fenster schauten, war die Höhle draußen verschwunden. Nur noch weißer Nebel war zu sehen ...

Auf dem Bildschirm liefen die Jahreszahlen rasend schnell rückwärts. Hätte Archie die Maschine jetzt gestoppt, wären sie bereits im Mittelalter gelandet. Doch sie wollten noch weiter in die Vergangenheit.

„Das Jahr Null“, sagte der Computer kurz darauf. „Wir erreichen unser Ziel in circa fünfundzwanzig Sekunden ...“

Heike hielt unwillkürlich die Luft an. Noch immer wallte draußen der weiße Nebel. Endlich waren Bruchstücke einer Landschaft zu erkennen, während es dazwischen immer wieder finster wurde: Tage und Nächte ...

Schließlich blieb es hell, und Archie verkündete: „Wir sind angekommen.“

Sie waren am Ufer eines breiten Flusses gelandet. Es war noch früh am Morgen. Dunst lag über dem Gewässer. Ein paar Enten flatterten erschrocken aus dem Schilf auf.

„Aber das ist doch gar nicht Babylon“, stellte Heike fest. „Ich dachte, du würdest uns in die Stadt bringen.“ Ihre Stimme klang ein wenig vorwurfsvoll.

„Es war eine Vorsichtsmaßnahme“, erklärte der Computer. „Zweifellos würdet ihr in Schwierigkeiten geraten, wenn die Zeitmaschine mitten am Tag auf einem öffentlichen Platz auftauchen würde.“

„Okay, okay, du hast wieder mal recht“, mußte Michael zugeben. Er blinzelte Thomas zu. Professor Ambrosius hätte sich sicherlich über solche Eigenmächtigkeiten des Computers aufgeregt!

Die Einstiegsluke glitt mit leisem Zischen auf. Die Kinder und Moorteufel stiegen aus und blickten sich um.

„Und wo, bitte, geht's nach Babylon?“ fragte Michael. „Es ist hier verflixt schlecht ausgeschildert.“

„Ihr braucht nur dem Fluß zu folgen“, ertönte Archies Stimme.

„Was machen wir mit der Zeitmaschine?“ Thomas zog die Fernbedienung aus seiner Hosentasche. „Sollen wir sie wieder in die fünfte Dimension schicken?“

„Das ist sicher das Beste“, meinte Heike. „Wenn sie hier ungeschützt herumsteht, und jemand kommt vorbei ...“

Thomas drückte eine Zahlenkombination. Dann blickte er gespannt auf die Zeitmaschine. Wenn er alles richtig gemacht hatte, mußte sie in wenigen Sekunden verschwinden.

Da flimmerte schon die Luft, die Umrisse der Maschine lösten sich auf, ein regenbogenfarbener Nebel erschien, und dann war nichts mehr von der Zeitmaschine zu sehen.

„Hat geklappt“, murmelte Thomas und steckte die Fernbedienung wieder ein. „Jetzt müssen wir nur noch den Professor finden.“

„Den Fluß entlang, hat Archie gesagt“, wiederholte Heike.

„Flußaufwärts oder flußabwärts?“ Thomas beschirmte seine Augen, denn im Osten ging gerade die Sonne auf. Der Flußnebel dämpfte zwar ihr Licht, trotzdem blendete es den Jungen.

„Gute Frage“, murmelte Michael. „Da hat Archie wieder mal gepennt. Was jetzt?“

„Dort hinten kommen Leute", sagte Heike und wies mit ihrem Arm in die Richtung. In der Ferne waren einige Gestalten zu erkennen. „Vielleicht können wir die nach dem Weg fragen."

„Gute Idee", sagte Michael und setzte sich ins Gras. „Bis die Leute da sind, können wir uns noch ein bißchen ausruhen." Er gähnte. „Jetzt hab' ich eigentlich die richtige Bettschwere. Normalerweise würden wir ja in unseren Federn liegen und selig schlummern."

„Ja", bestätigte Heike trocken. „Und wenn du nicht aufpaßt, wirst du auch gleich schlummern – vielleicht für immer. Du hättest dich eben um ein Haar auf eine Schlange gesetzt."

Michael sprang in Panik auf und sah gerade noch ein grünschillerndes Schwanzende im Gras verschwinden.

„Verdammt!"

„Wir sind in einem fremden Land und kennen die Gefahren nicht", warnte Thomas. „Also doppelte Vorsicht, sonst kann's verflixt brenzlig für uns werden. Wir sollten uns jetzt unsere Sprachpillen einverleiben." Er öffnete die Kapsel, die an einer Schnur um seinen Hals hing. Auch Heike und Michael schlukken eine der giftgrünen Pillen, die aussahen wie verschrumpelte Erbsen.

„Meine Güte", entfuhr es Heike. „Das dort hinten sind gar keine Spaziergänger! Es ist ja ein richtiger Menschenzug! Geradezu eine Völkerwanderung ..."

„Und die meisten sind auch noch gefesselt. Gefangene vermutlich." Michael geriet in Panik. „Nichts wie weg! Ich hab' keine Lust, daß sie uns wieder schnappen und auf dem Sklavenmarkt verscherbeln!"

Er wollte sich seitlich ins Gebüsch schlagen, aber Thomas packte ihn an der Schulter und hielt ihn zurück.

„Bleib hier! Die haben uns längst gesehen! Wir tun einfach so, als seien wir Reisende aus einem fremden Land, die unbedingt nach Babylon wollen."

„Stimmt ja auch", bestätigte Heike.

„Und wenn man uns fragt, was wir dort zu tun haben?" wandte Michael ein. „Die merken doch gleich, daß wir keine Händler sind, weil wir keine Waren besitzen."

„Wir wollen eben die Schönheiten Babylons sehen", schlug Heike vor.

Michael schnitt eine Grimasse. „Meinst du, das kaufen die uns ab?"

Allmählich kam der Gefangenenzug näher. Jetzt erkannten die Kinder, daß auch unzählige beladene Esel und etliche Kamele an der Seite trotteten. Zwei Pferde zogen eine blauen Wagen, darauf standen zwei Männer, ihren spitzen Helmen nach Wächter oder Soldaten. Die Gefangenen waren mit Stricken an Händen und Füßen gebunden und stolperten hinter dem Wagen her. Es waren viele Männer mit schwarzen Haaren und dunklen Bärten dabei. Auf ihren Mienen spiegelten sich Niedergeschlagenheit und Ausweglosigkeit. Manche waren verletzt und trugen Binden um Kopf oder Arme.

„Wahrscheinlich Kriegsgefangene", sagte Thomas mit trockenem Mund.

„Wir hätten doch abhauen sollen", murmelte Michael. „Aber jetzt ist es zu spät dazu."

Ein Reiter sprengte heran. Moorteufel knurrte, und das Pferd bäumte sich, aber der Reiter saß sicher auf seinem Rücken und klammerte sich mit den Knien fest.

„Moorteufel, benimm dich!" zischte Thomas. Es fehlte gerade noch, daß der Hund sie in Schwierigkeiten brachte!

„Im Namen des Königs", rief der Reiter, „macht den Weg frei! Wir bringen die Gefangenen aus Israel. Es ist nicht erlaubt, mit ihnen zu reden, geschweige denn Beihilfe zur Flucht zu leisten. Jeder derartige Versuch wird mit dem Tod bestraft. – Zur Seite!"

Die Kinder wichen vor den Pferdehufen zurück. Der Reiter nickte zufrieden und zügelte sein Pferd. Als er kehrtmachen und zu seinen Leuten zurückreiten wollte, fragte Thomas laut:

„Entschuldigung, aber wir wollen nach Babylon. Welche Richtung müssen wir nehmen?"

Der Reiter wirbelte herum und sah die Kinder erstaunt an. „Wie, ihr wißt nicht, wo Babylon liegt, die prächtigste von allen Städten?"

„Wir sind eben erst angekommen", rutschte es Michael heraus, aber gleich darauf verbesserte er sich: „Wir sind fremd hier, und ich glaube, wir haben uns ein bißchen verirrt."

„Verirrt?“ wiederholte der Reiter. „Dann könnt ihr euch glücklich schätzen, daß ihr nicht in der Wüste euer Leben gelassen habt!“ Er schien einen Augenblick zu zögern. „Ihr könnt euch uns anschließen. Auch wir wollen nach Babylon. Zu Fuß sind es noch gut zehn Tagereisen.“

„Zehn Tagereisen?“ Michael schrie es fast. „Da hat sich Archie aber ganz schön verrechnet.“ Heike verpaßte ihrem Bruder einen Rippenstoß. Manchmal benahm er sich wirklich zu dusselig!

Der Reiter runzelte die Stirn. „Archie?“

„Ein Bekannter“, verbesserte sich Thomas schnell. „Normalerweise kennt er sich gut aus mit Landkarten und so ...“

„Die Welt ist eine Scheibe, und Babylon ist ihr Mittelpunkt“, murmelte der Reiter feierlich und drückte dem Pferd die Fersen in die Seiten.

„Eh“, sagte Michael, als er außer Hörweite war, „hat er das ernst gemeint?“

„Vermutlich“, erwiderte Thomas. „Komm' bloß nicht auf die Idee, dich deswegen mit den Babyloniern herumzustreiten. Das kann uns in Teufels Küche bringen.“

„Ich dachte, da wären wir schon“, gab Michael zurück. Er verdrehte die Augen. „Zehn Tage zu Fuß nach Babylon. Meinst du nicht, wir sollen lieber mit der Zeitmaschine ...“

„Wenn wir mit den Leuten reisen, erfahren wir sicher ein paar Neuigkeiten“, unterbrach Heike ihren Bruder. „Wer weiß, vielleicht hören wir zufällig etwas über Onkel Ambrosius.“

„Zufällig, tja“, meinte Michael. „Das wäre wirklich ein arger Zufall. Hoffentlich hat Archie nicht mit seiner Vermutung recht, daß die Moleküle von Onkel Ambrosius in alle Windrichtungen verstreut sind.“

Heike ballte die Fäuste. „Wenn du noch einmal ein Wort davon erwähnst ...“

„O Mann“, stöhnte Thomas. „Egal, wo wir sind und was los ist – ihr könnt es einfach nicht lassen, euch zu streiten!“

Er trat noch ein Stück zurück, denn der Wagen mit den beiden Pferden rollte heran. Die Tiere trugen leuchtend blaue Decken und goldenes Brustgeschirr. Zügel und Leinen bestanden aus rotem Leder. Schnaubend trabten die Pferde an den Kindern vorbei. Der prunkvolle Aufzug stand in krassem Gegensatz zu der Erbärmlichkeit der Gefangenen.

„Schneller!“ Ein Aufseher, der an der Seite entlangritt, trieb die Leute an. Es waren ausgemergelte Gestalten in erdfarbenen Gewändern, schmutzig, von Kampf und Krankheit gezeichnet. Heike biß sich unwillkürlich auf die Lippen. Am liebsten wäre sie losgestürzt und hätte geschrien: „Seht ihr denn nicht, daß sie nicht mehr weiterkönnen?“ Ihr Herz zog sich vor Mitleid zusammen. Sie mußte sich sehr beherrschen, und als die Gefangenen endlich an ihr vorbeigezogen waren, merkte sie, daß sie vor Aufregung und Empörung zitterte.

Jetzt folgten Frauen und Kinder, Händler und Soldaten. Die Kamele und Esel kamen so dicht an den Zeitreisenden vorbei, daß Michael die Augen verdrehte und sich die Nase zuhielt. Heikes Aufmerksamkeit wurde von einem wunderschönen schwarzen Hengst angezogen. Darauf saß ein Mädchen, das ungefähr in Heikes Alter war. Es trug ein grünes Kleid mit gestickten Borten. Sobald das Mädchen die Zeitreisenden erreicht hatte, zügelte es sein Pferd.

„Seid ihr die Fremden, die nach Babylon wollen?“ Ihre Stimme war tief und dunkel. Die Augen blickten sehr ernst, aber keineswegs abweisend drein. Als das Mädchen den Arm hob, um seinen Schleier zu richten, erkannte Heike voller Schrecken, daß der linke Arm braun und verkrüppelt war und sich die Finger in einem seltsamen Winkel spreizten.

„Ich bin Sammuramat“, stellte sich das Mädchen vor und lächelte. „Es würde mich freuen, wenn ihr mir Gesellschaft leisten würdet. Mein Vater“, Sammuramat wies mit dem Kopf auf einen Reiter mit einem Helmbusch, „hat den Auftrag, die jüdischen Gefangenen nach Babylon zu bringen.“

Mit Schwung saß das Mädchen vom Pferd ab und hinkte auf die Zeitreisenden zu. Das linke Bein war ebenfalls verkrüppelt, und Sammuramat konnte sich nur mit Mühe fortbewegen. Sie schien ihre Behinderung jedoch als ganz selbstverständlich hinzunehmen.

Heike, Thomas und Michael nannten ihre Namen. Sammuramat fragte nicht nach ihrer Herkunft. Sie beugte sich hinab und streichelte Moorteufel, der sich die Berührung schwanzwedelnd gefallen ließ.

„Er scheint dich zu mögen“, sagte Heike. Sammuramat hob den Kopf und sah sie an. Heike konnte sich des Gefühls nicht erwehren, daß das Mädchen in ihren Gedanken wie in einem Buch las. Der Eindruck verflog jedoch ebenso rasch, wie er gekommen war.

Zwei Frauen ritten auf Eseln heran. Es waren Sammuramats Dienerinnen. Ein dunkelhäutiger Sklave führte drei Kamele mit Gepäck. Sammuramat erklärte, daß ihr Vater auf dem Kriegszug wenig Zeit für sie habe.

„Meine Mutter ist in Babylon geblieben, und so bin ich die meiste Zeit auf mich selbst angewiesen“, berichtete sie. Es hatte jedoch nicht den Anschein, als sei Sammuramat unglücklich über diese Freiheit. Heike fiel auf, daß das Mädchen von den anderen mit großem Respekt behandelt wurde.

Bald schaukelten die Zeitreisenden auf harten Eselsrücken südostwärts, denn Sammuramat hatte ihnen Reittiere besorgt. Heike hatte ein schlechtes Gewissen, sobald sie an die Gefangenen dachte, die sich zu Fuß Kilometer um Kilometer abquälen mußten.

„Was geschieht mit ihnen in Babylon?“ fragte sie beunruhigt.

„Das ist von der Laune unseres Königs abhängig“, antwortete Sammuramat ernst. „Ganz sicher wird man einige von ihnen töten, um die Götter zu besänftigen.“ Sie warf Heike einen Seitenblick zu. „Krieg ist grausam, egal in welchem Land er stattfindet.“

‚Jetzt fragt sie uns gleich, woher wir kommen‘, dachte Michael, aber Sammuramat schwieg. Ab und zu fielen ihr Haarsträhnen ins Gesicht, die sie mit ihrer verkrüppelten Hand zurückstreifte. Ihr Haar hatte die gleiche Farbe wie das Fell des Hengstes.

„Warum hat dich dein Vater eigentlich nach Jerusalem mitgenommen, wenn es Krieg gegeben hat?“ wollte Thomas wissen.

„Ich sollte ihm sagen, wie der Kampf ausgeht“, murmelte Sammuramat, ohne den Jungen anzusehen.

Thomas fand die Erklärung recht dürftig, bis Sammuramat hinzufügte: „Die Götter haben mir bei meiner Geburt zwar einen krummen Arm und ein zu kurzes Bein geschenkt, aber dafür sehe ich manchmal weiter als andere Menschen."

Ihr Tonfall war so schlicht und harmlos, daß Michael im ersten Moment glaubte, Sammuramat rede lediglich von ihren besonders scharfen Augen. Schließlich ging ihm auf, was das Mädchen gemeint hatte, und ihm wurde heiß.

„Willst du damit sagen ... äham ... du kannst tatsächlich ...," stotterte er, aber Sammuramat unterbrach ihn.

„Nicht immer. Nur manchmal und nie auf Befehl. Die Gabe kommt über mich, aber ich weiß nie, wann das ist. Ich kann es nicht steuern." Sie senkte den Kopf. „Es ist zuweilen sehr lästig. Aber ich muß dankbar dafür sein. Sonst säße ich nur im Haus herum und müßte darauf warten, daß mir mein Vater einen Ehemann aussucht. Aber wer will schon eine Braut, die aussieht wie ich?"

Als hätte sie zu viel von sich verraten, schnalzte Sammuramat mit der Zunge und trieb ihren Hengst an.

‚Solange sie auf dem Pferd sitzt, merkt man wirklich nicht, daß sie verkrüppelt ist', dachte Heike. ‚Und wenn sie tatsächlich in die Zukunft schauen kann ...' Mit einem Mal war sie sehr froh, daß sie Sammuramat getroffen hatten. Vielleicht konnte sie ihnen helfen, den Erfinder wiederzufinden ...

Tod dem König!

„Ich hätte nie gedacht, daß es hier nachts so kühl ist." Michaels Zähne schlugen klappernd aufeinander. Er hüllte sich fester in die Decke, aber er hatte das Gefühl, daß sie überhaupt nichts nützte. „Brr! Moorteufel, leihst du mir mal dein Fell? Nur für heute nacht!"

„Wir sind ganz nah bei der Wüste", ertönte Sammuramats Stimme von der anderen Seite des Zeltes. „Ich friere nicht, im Gegenteil. Mir ist ganz warm. Wenn du willst, kannst du noch meine Decke haben."

Sie warf das gewebte Tuch zu Michael hinüber.

„Nein, danke, so war's nicht gemeint ... Das ist mir jetzt richtig peinlich ...", stammelte Michael. Er wollte nicht, daß Sammuramat ihre Decke für ihn opferte. Doch das Mädchen stand auf und schlug die Zelttür zurück.

„Ich geh' noch mal zum Feuer."

„Warte, ich komme mit", sagte Heike und rappelte sich hoch, um Sammuramat zu folgen. Sie sehnte sich nach der Nähe des Feuers. Was da brannte, war zwar getrockneter Kameldung, aber immerhin war es warm ...

„Tut dein Rücken auch so weh?" Michael stöhnte.

„Der Rücken? Du meinst wohl das Hinterteil", kam es von Thomas. „Ich wette, ich kann die ganze Woche lang nicht mehr richtig sitzen!"

„Esel haben eine verdammt schlechte Federung!" bemerkte Michael und streckte sich auf dem Boden aus. Egal, wie er sich legte, jede Bewegung schmerzte. Meine Güte, und das sollte noch neun Tage so weitergehen ...

Heike und Sammuramat aber schritten an den Zelten vorbei zum nächsten Feuer. Unvermittelt sagte Sammuramat:

„In Wahrheit geht es euch gar nicht um Babylon. Ihr seid auf der Suche nach einem Mann. Es muß eine wichtige Persönlichkeit sein, weil deine Gedanken ständig um ihn kreisen."

Heike zuckte zusammen. Sie fühlte sich ertappt. Tatsächlich hatte sie in diesem Moment an Professor Ambrosius gedacht.

„Es ist mein Großonkel", gestand sie. „Wir haben ihn verloren. Wie soll ich dir das erklären ..."

„Ich kann es nicht deuten, aber euer Denken ist für uns so fremd, als würdet ihr aus einer anderen Welt kommen." Sammuramat blieb stehen, und es schien Heike, als würde das Mädchen eher zu sich selbst sprechen als zu ihr. „Ich bin schon vielen Menschen begegnet und habe zahlreiche Reisende kennengelernt – aber niemals Leute wie euch. Euch umgibt ein Geheimnis. Fast meine ich", ihr Kopf fuhr herum, „ihr wäret Götter!"

„Nein", wehrte Heike gleich ab. „Götter sind wir bestimmt nicht. Wir sind Menschen, genau wie du." Sie stockte. „Wir kommen aus der Zukunft, Sammuramat."

Sie bemerkte, wie Sammuramat erschrak.

„Aus der Zukunft? Wie ist das möglich?“ Ihre Stimme zitterte vor Erregung.

„Wir haben eine Zeitmaschine ... einen Wagen, mit dem man durch die Jahrhunderte reisen kann ...“

„Aber das gibt es nicht“, hauchte Sammuramat. „Oder doch? Das ist beinahe wie in meinen Träumen. – Ich habe es noch nie jemandem erzählt, aus Angst, man würde mich auslachen. Aber in meinen Visionen habe ich schon die eigenartigsten Dinge gesehen: Wagen, die fahren, obwohl kein Pferd sie zieht ... Riesige Vögel aus Erz, die über den Himmel fliegen und kein einziges Mal mit den Flügeln schlagen ... Ja, einmal träumte mir sogar von Männern, die auf dem Mond herumspazierten ...“ Sammuramat schlug sich auf den Mund. „Aber was rede ich für frevlerische Worte!“

„All diese Dinge gibt es bei uns“, murmelte Heike. „Autos, Flugzeuge, die Mondlandung ...“

Sammuramat drehte sich heftig herum und faßte Heike am Handgelenk. „So habt ihr sicher den Sinn des Lebens ergründet? Die letzten Geheimnisse? Das Rätsel der Welt? Gehen die Götter unter den Menschen umher? Und habt ihr herausgefunden, wie man das Glück festhalten kann?“

Als Heike zögerte, ließ Sammuramat ihren Arm los. „Nein, nichts davon? Oh, ich wußte es! Tausende von Jahren werden vergehen, ohne daß man der Weisheit der Götter näherkommt ...“

„Wenn du in die Zukunft sehen kannst“, unterbrach Heike das Mädchen, „kannst du uns dann nicht helfen, Onkel Ambrosius ausfindig zu machen?“

„Mein inneres Auge gehorcht leider nicht meinem Willen“, gab Sammuramat zurück. „Aber in Babylon gibt es Seher und Sterndeuter, die euch sicher unterstützen werden.“ Sie wies mit ihrer gesunden Hand zum Himmel. „Aus dem Lauf der Gestirne läßt sich vieles erkennen. Alles ist darin beschrieben. Jerusalem mußte untergehen, so haben es die Götter beschlossen. Die Magier werden dir sagen können, wo du deinen Großonkel suchen mußt.“

Heike blickte zu den glitzernden Sternen empor. So wunderbar der Anblick auch war – sie hatte erhebliche Zweifel, ob man

durch die Anordnung der Gestirne tatsächlich Antwort auf bestimmte Fragen bekommen konnte. Heike glaubte nicht an Astrologie oder Horoskope, aber sie wollte Sammuramat nicht widersprechen.

Inzwischen hatten sie ein Lagerfeuer erreicht. Einige ältere Frauen rückten zur Seite, um Platz für die beiden Mädchen zu schaffen. Man bot ihnen Fladenbrot und Käse an. Heike brach sich ein Stück von beidem ab, aber Sammuramat schüttelte nur den Kopf und starrte wie hypnotisiert in die Flammen. Heike fragte sich, ob sie unabsichtlich etwas Falsches gesagt hatte, wodurch sie Sammuramat gekränkt hatte. Doch dann merkte sie, daß mit dem Mädchen etwas Merkwürdiges passierte.

Als eine der älteren Frauen Sammuramat etwas fragte, gab diese keine Antwort mehr. Sie hatte die Beine untergeschlagen und wiegte sich langsam vor und zurück. Die Flammen warfen einen gespenstischen roten Schein auf ihr Gesicht, und als Heike Sammuramats Gesicht betrachtete, erschrak sie über die erstarrte Miene. Sammuramat war in Trance gefallen. Ihre Pupillen waren so klein wie Stecknadelköpfe. Aus den Lippen war alles Blut gewichen, sie waren fahl und bewegten sich schnell. Sammuramat murmelte undeutliche Worte, dann fing sie an, mit den Händen Kreise in die Luft zu zeichnen.

Auch die anderen Frauen merkten jetzt, daß mit Sammuramat etwas Ungewöhnliches vor sich ging. Sie unterbrachen ihre Unterhaltung, stießen einander an und ließen keinen Blick mehr von dem Mädchen. Sammuramat gestikulierte immer heftiger. Schaum trat vor ihren Mund, dann streckte sie ihren verkrüppelten Arm aus und hielt die Finger ins Feuer, so als könnten die Flammen ihnen nichts anhaben. Heike schrie auf und riß Sammuramat zurück. Das Mädchen schien einen Augenblick zu sich zu kommen, blickte Heike in unendlicher Verwunderung an, dann wurde Sammuramat stocksteif und fiel auf den Rücken.

„Was ist mit ihr?“ Erschrocken warf sich Heike über die Liegende. Eine der Frauen sprang auf, um Wasser zu holen. Kurz darauf kehrte sie zurück und kippte einen Krug über dem Mädchen aus. Sammuramat stöhnte. Ihre Finger krallten sich in die Erde. Die Augenlider flatterten. Heike strich ihr das dunkle Haar aus dem Gesicht. Sie bemerkte, daß sich Sammuramat die Lippen blutig gebissen hatte. Noch immer war das Mädchen völlig verkrampft. Mit Hilfe der anderen Frauen gelang es Heike, Sammuramat auf die Beine zu stellen und zu ihrem Zelt zurückzubringen.

„Was ist mit ihr los?“ stieß Michael aus. „Ist sie krank?“

„Ich hab' keine Ahnung“, gestand Heike. Behutsam betteten sie Sammuramat auf eine Decke.

„Sie wird gleich tief schlafen“, nuschelte eine zahnlose Frau, die mitgekommen war. Sie band einen duftenden Kräuterring um Sammuramats Hals. „Morgen früh wird sie erzählen, was die Götter ihr gesagt haben.“

„Hat Sammuramat so etwas schon öfter gehabt?“ fragte Heike besorgt.

„Die Götter rufen sie ein oder zweimal im Jahr. Bisweilen auch häufiger. Es kündigt sich nie an. Einmal ist Sammuramat sogar vom Pferd gestürzt.“ Die Alte strich Sammuramat sanft über die Wangen. In der Geste lag mütterliche Zärtlichkeit. Dann erhob sich die Greisin und schlurfte zum Zelt hinaus.

Die Zeitreisenden sahen einander ratlos an.

„Tja“, meinte Michael, „das Beste ist wohl, wenn wir uns auch aufs Ohr hauen. Morgen gibt’s sicher wieder einen anstrengenden Tag. Wenn ich dran denke, wie weit es noch bis nach Babylon ist …“ Er schielte zu Thomas hinüber. „Oder sollen wir vielleicht doch mit der Zeitmaschine –“

Thomas zuckte mit den Achseln. „Schneller wären wir. Aber das heißt nicht, daß wir auch den Professor schneller finden.“

Heike berichtete, was Sammuramat ihr zuvor von den Sterndeutern und Magiern Babylons erzählt hatte. Die beiden Jungen waren genauso skeptisch wie sie selbst.

„Diese Leute scheinen sehr mächtig und einflußreich zu sein“, fügte Heike hinzu. Sie hob hilflos die Hände. „Vielleicht haben sie zufällig etwas gehört, was mit Onkel Ambrosius zu tun hat …“

„Ach, das ist doch sinnlos. Zufällig! Ich kann das Wort nicht mehr hören.“ Michael seufzte tief. „Ich hab’ das Gefühl, wir finden den Professor nie! Wahrscheinlich stimmt die Sache doch mit den Molekülen, und dann …“ Er beendete den Satz nicht.

Wütend stampfte Heike mit dem Fuß auf. „Willst du uns den ganzen Mut nehmen? Wenn du glaubst, daß unsere Suche keinen Zweck hat, dann fahr’ doch nach Hause! Ich werde Onkel Ambrosius jedenfalls nicht im Stich lassen!“ Zornig blitzte sie ihren Bruder an.

Sammuramat stöhnte im Schlaf. Thomas drehte sich um.

„Verflixt, ihr seid zu laut! Euren Krach hört man ja bis nach Babylon. Soll das ganze Lager auf uns aufmerksam werden?“

Heike schwieg betroffen. Wenn die Wut sie packte, dann ging ihr Temperament einfach mit ihr durch. Aber über Michael konnte man sich wirklich aufregen!

„Okay, okay“, lenkte ihr Bruder jetzt ein, „meinetwegen gehen wir nach Babylon und fragen einen dieser Hexenmeister, ob die Sterne wissen, wohin es einen genialen Erfinder namens Ambrosius Köhler verschlagen hat …“

In diesem Augenblick warf Sammuramat im Halbschlaf ihren Kopf hin und her. „Tod“, ächzte sie. „Sie wollen ihn umbringen … Er ist in großer Gefahr …“

Heike überlief es eiskalt. Mit einem Satz war sie neben Sammuramats Lager. Auf der Stirn des Mädchens standen Schweißperlen, und über die Lippen sickerte ein schmaler Blutfaden. Heike nahm eines von Sammuramats Tüchern und tupfte der Liegenden damit das Gesicht ab. Die Hände des Mädchens tasteten nach ihr, fanden ihren Arm und hielten in fest. Gleich darauf schlug Sammuramat die Augen auf.

„Es ist furchtbar“, stammelte sie, „so furchtbar ...“

„Alles ist gut“, versuchte Heike sie zu beruhigen. „Es ist nichts passiert. Du hast nur einen schlimmen Traum gehabt, Sammuramat.“

Das Mädchen lächelte schwach. „Es war kein Traum, Heike. Ich habe die Zukunft gesehen. Nein, es muß heißen: ich habe eine der möglichen Zukünfte gesehen.“ Ihre Lippen begannen bei der Erinnerung zu beben, und ihre Augen wurden dunkel. „Er soll ermordet werden“, flüsterte sie. „Die Gefahr ist ganz nah ... Ich sehe Tod und Verderben! Er muß gewarnt werden!“

„Onkel Ambrosius?“ fragte Heike bestürzt. Sie konnte nichts anderes denken.

„Wer?“ fragte Sammuramat und hob verwundert den Kopf. „Ich rede von unserem König Nebukadnezar ...“

Heike schluckte. Sie half Sammuramat, sich aufzusetzen.

Das Mädchen klagte über Durst. Michael ging zum Nachbarzelt und brachte von dort etwas verdünnten Wein. Sammuramat war sehr erschöpft. Die visionären Anfälle kosteten sie viel Kraft.

„Er ist in großer Gefahr“, wiederholte sie. „Ich sah einen dunklen Schatten hinter Nebukadnezar stehen. Seine Hände griffen schon nach ihm, doch da tat der König einen Schritt nach vorne und entging der Berührung.“ Sie nahm einen Schluck aus dem Krug. „Er muß gewarnt werden.“ Sammuramat winkte eine ihrer Dienerinnen herbei. „Hol meinen Vater, selbst wenn du ihn wecken mußt. Es ist äußerst wichtig.“

Die Dienerin senkte demütig den Kopf und gehorchte. Flink wie ein Wiesel verließ sie das Zelt und verschwand in der Dunkelheit.

„Wie bist du sicher, daß das eintreffen wird, was du siehst?“ wollte Michael wissen. „Sagt dir das eine Stimme, oder ist das nur so ’ne Ahnung?“

Heike hörte die Zweifel aus seinem Tonfall heraus. Sie fand es nicht gerade taktvoll von ihrem Bruder, Sammuramat jetzt danach zu fragen. Aber so war Michael nun einmal: Er ging den Dingen gerne auf den Grund.

Sammuramat antwortete ganz schlicht: „Tief in mir ist plötzlich ein Wissen; dann spüre ich, diese Dinge sind wahr oder können wahr werden."

„Hm", brummte Michael. Viel schlauer als vorher war er jetzt auch nicht. Er konnte sich solche Sachen einfach nicht vorstellen.

Kurz darauf kehrte die Dienerin zurück. Sie trug eine kleine Öllampe und wurde von einem hochgewachsenen Mann begleitet. Heike erkannte auf den ersten Blick die Ähnlichkeit mit Sammuramat. Es war Nebusaradan, ihr Vater. Besorgt kniete er sich neben dem Mädchen auf den Boden. Dann machte er der Dienerin ein Zeichen. Sie verstand und ließ Vater und Tochter mit den Zeitreisenden allein.

„Sammuramat, mein Liebling, ist die Gabe wieder über dich gekommen? Was ist den Göttern so wichtig, daß sie sich des Mundes eines jungen Mädchens bedienen?"

„Vater", flüsterte Sammuramat und ergriff seine Hand. „Mir träumte, der König sei in großer Gefahr. Jemand will Nebukadnezar umbringen. Wir müssen ihn warnen. Noch heute nacht."

„Heute nacht?" wiederholte Nebusaradan. „Aber das ist unmöglich. Du weißt doch, daß wir Rücksicht auf die Gefangenen nehmen müssen. Selbst ohne sie brauchen wir noch fünf Tage bis nach Babylon."

„Ein Eilkurier schafft es in drei", entgegnete Sammuramat ohne Zögern. Ihre Stimme wurde flehend. „Bitte, Vater, schicke einen Boten an Nebukadnezar. Das Leben des Königs ist wirklich bedroht, und er ahnt nichts davon ..."

Nebusaradan zögerte. „Bist du sicher, Sammuramat? Eine Falschmeldung würde uns sehr blamieren. Nebukadnezar hat schließlich seine eigenen Magier, die ihm weissagen, und diese werden die Anzeichen von Gefahr zu deuten wissen."

„Vater, meine Ahnungen haben mich noch nie getrogen", sagte Sammuramat eindringlich. „Es war ein deutliches Zeichen. Wenn du keinen Eilboten nach Babylon schicken willst, denn reite ich eben selbst los." Sie war zu allem entschlossen.

„Auf gar keinen Fall", widersprach Nebusaradan. „Du zitterst ja noch und bist viel zu schwach. Außerdem ist es für ein Mädchen zu gefährlich, allein zu reisen. Noch dazu für dich." Er schaute auf den verkrüppelten Arm seiner Tochter.

Sammuramat senkte den Kopf. „Wenn ich gesunde Glieder hätte, könnte ich kämpfen und fechten wie ein Mann", murmelte sie. „Dann würde mich nichts und niemand aufhalten." In ihrer Stimme schwang Trotz. „Warum habt ihr mich bei meiner Geburt nicht ausgesetzt, du und meine Mutter? Ihr habt doch gesehen, daß ich nie so sein werde wie andere Menschen ..."

Nebusaradan schoß die Röte ins Gesicht. Ihm war das Thema sichtlich unangenehm. „Nun gut", sage er und stand auf. „Ich werde einen Schreiber kommen lassen, der eine Botschaft an Nebukadnezar verfaßt. Noch heute nacht wird der Kurier losreiten. Bist du nun zufrieden?"

Sammuramat lächelte ihn an.

Nebusaradan knurrte: „Du bringst mich immer dazu, Sachen zu tun, die ich eigentlich nicht will." Er machte auf dem Absatz kehrt und verließ das Zelt.

Heike, Thomas und Michael blickten sich unsicher an. Thomas räusperte sich. „Wir könnten natürlich auch die Zeitmaschine nehmen. Dann sind wir in wenigen Minuten in Babylon."

„So schnell ist euer Wunderfahrzeug?" staunte Sammuramat. „Dann ist es flinker als Enkidu, mein Hengst. Aber welche Kraft lenkt euer Gefährt, wenn sie schneller ist als jedes Pferd?"

„Die Zeitmaschine fährt mit Sonnenenergie", murmelte Michael.

Sammuramat war überrascht. „Mit der Hilfe Schamaschs?"

„Schamasch? Jetzt kapiere ich überhaupt nichts mehr", beschwerte sich Michael.

Sammuramat lächelte. „Entschuldigt, ich habe vergessen, daß ihr aus einem fernen Land kommt. Schamasch", sie breitete ihre Arme aus, „heißt unser Sonnengott. Ohne Schamasch wäre die Welt finster und tot. Er sorgt dafür, daß es jeden Tag hell wird und sich die Erde erwärmt. Er läßt die Pflanzen wachsen." Sie neigte ehrfürchtig ihren Kopf. „Seine Macht ist unendlich. Wenn Schamasch ein Samenkorn keimen läßt, so kann er sicher auch eure Wundermaschine antreiben."

„Es ist technisch ziemlich kompliziert", murmelte Michael.

„Ich glaube, ich versuch's erst gar nicht, dir die Einzelheiten zu erklären."

„Er begreift sie nämlich selbst nicht", fügte Heike bissig hinzu.

Michael blitzte sie wütend an. Es kam jedoch nicht zum Streit, weil in diesem Moment Sammuramats Vater zurückkehrte, begleitet von einem jüngeren Mann, der sichtlich aus dem Schlaf gerissen worden war.

„Wenn ich 'nen Brief schreiben soll, brauch' ich mehr Licht", knurrte er.

Heike hielt die Öllampe höher. Sie fand, daß die Lampe aussah wie ein Schuh. Vorne züngelte die Flamme heraus und gab flackerndes Licht.

Der Schreiber kauerte sich auf den Boden, schlug die Beine unter und gähnte herzhaft, bevor er aus seinem Bündel eine Tontafel und einen Griffel herauszog.

„Also – was soll ich schreiben?"

Nebusaradan warf seiner Tochter einen Blick zu.

„Schreibe: An Nebukadnezar, unseren ehrwürdigen König! Mögen die Götter mit Euch sein. Diese Botschaft kommt von Nebusaradan, Eurem treu ergebenen Heerführer."

„Langsamer", murrte der Schreiber. „Ich krieg' ja 'nen Krampf im Handgelenk." Er kritzelte ungelenke Zeichen auf die Tontafel.

Nebusaradan wartete, bis der Schreiber nachgekommen war, dann diktierte er weiter.

„Meine Tochter, die das Zweite Gesicht besitzt, hat in dieser Nacht Euren Tod vorausgesehen. Sie ist überzeugt, daß Ihr in großer Gefahr seid. Deswegen sende ich Euch diese Warnung mit einem Eilkurier."

„Der Platz wird knapp", bemerkte der Schreiber. „Soll ich den Brief auf einer zweiten Tafel fortsetzen?"

Nebusaradan zögerte und schüttelte dann den Kopf. „Es mag genügen." Er murmelte: „Hoffentlich klingt mein Brief nicht zu unhöflich. Lies ihn mir bitte noch einmal vor."

Der Schreiber gehorchte. Nebusaradan nickte zufrieden. „Der Bote kann sich gleich damit auf den Weg machen. Ich danke dir. Entschuldige, daß ich dich geweckt habe."

„Keine Ursache. Dazu bin ich ja da." Der Schreiber grinste

verlegen. Dann erhob er sich, erhielt von Nebusaradan einen Silberring als Bezahlung für seine Dienste und verließ das Zelt.

„Bist du nun zufrieden, meine Tochter?“ fragte Nebusaradan.

Sammuramat nickte.

„Ich hoffe, du kannst jetzt ruhig schlafen“, murmelte der Babylonier. „Ich wünsche eine gute Nacht.“

Damit ließ er seine Tochter mit den Zeitreisenden allein.

Sammuramat streckte sich am Boden aus. Auch die anderen legten sich nieder. Heike bließ die Öllampe aus.

Doch weder sie noch die beiden Jungen konnten einschlafen. Die Begebenheit hatte sie zu sehr aufgewühlt. Heikes Gedanken wanderten wieder zu Professor Ambrosius. Thomas wälzte sich unruhig hin und her. Michael starrte im Finstern vor sich hin. Schließlich schlug er die Decke zurück und kroch zum Zeltausgang.

„Was ist los?“ flüsterte Heike.

„Nichts. Ich muß bloß mal, das ist alles.“

Der Verräter

Im Lager war es ruhig. Die Feuer brannten ganz niedrig oder waren erloschen. Michael hatte Schwierigkeiten, sich in der Dunkelheit zurechtzufinden. Du liebe Güte, was für eine Menge Zelte! Welches war denn nun das von Sammuramat gewesen? Sie sahen alle so ähnlich aus!

Michael irrte eine Weile zwischen den Zelten umher, bis er merkte, daß er eine völlig falsche Richtung eingeschlagen hatte. Im Süden lagerten die Gefangenen. Er erkannte die dunklen Gestalten und schlug einen Bogen. Weiter hinten befanden sich die Pferde und Kamele, er hörte ihr Schnauben und Prusten. Man hatte ihnen die Vorderbeine zusammengebunden, damit sie nicht davonlaufen konnten. Um den kürzesten Weg zurück zu den Zelten zu nehmen, stahl sich Michael zwischen den Tieren hindurch. Ganz geheuer war ihm dabei nicht zumute. Er sah in der Dunkelheit die schwarzen Schemen der Kamele und roch ihre

scharfe Ausdünstung. Zwar hatte er nichts gegen Kamele, aber so ganz traute er ihnen nicht. Er fand sie ein wenig verschlagen.

Als plötzlich ein haariger Kopf seine Schulter berührte, fuhr Michael zusammen.

„Hihilfe! Hast du mich aber erschreckt! Sei ein liebes Tierchen! Ich beiß dich auch nicht, okay?“ Ungeschickt tätschelte er das Kamel, das ihn beschnupperte. „Nee, tut mir leid, ich hab' nichts für dich, nicht mal 'nen winzigen Keks. Du liebe Zeit, bist du aber aufdringlich! Was ist denn los mit dir? Bist du liebeshungrig oder nur verfressen? Bah, du sabberst mich ja ganz voll!"

Michael ergriff die Flucht. Er hoffte inbrünstig, in der Dunkelheit nicht in Kameldung zu treten. Als er die Tiere hinter sich gelassen hatte, atmete er auf.

Erst mal orientieren! Dort drüben im Osten war der Fluß, und im Westen begann vermutlich die Wüste. Hier wuchsen bereits Disteln und Dornbüsche, und der Boden kam Michael auch ziemlich sandig vor. Als er in ein Loch trat, geriet Erde in seinen Schuh, und er hockte sich hin, um sie herauszukippen.

Da fegte plötzlich ein Reiter an ihm vorbei, ohne ihn in der Dunkelheit zu bemerken. Der Hufschlag war gedämpft, das Pferd galoppierte hastig über die Ebene. Michael spürte den Luftzug. Wie leicht hätte man ihn über den Haufen reiten können!

Seine Knie zitterten, als er aufstand, um dem wilden Reiter nachzusehen. Es war zu finster, um viel zu erkennen. Michael lauschte angestrengt, und es kam ihm vor, als hätte der Reiter plötzlich gestoppt. Jedenfalls hörte er keinen Hufschlag mehr.

‚Pah', dachte Michael abschätzig. ‚Erst hat er 's so eilig, daß er fast Apfelmus aus mir macht, und dann bleibt er nach ein paar Metern stehen, um die Sterne zu bewundern.' Er stutzte. Was tat ein Reiter überhaupt mitten in der Nacht in der Wüste? Ob es der Kurier war, den Nebusaradan nach Babylon geschickt hatte?

Michaels Neugier war erwacht. Irgend etwas trieb ihn dazu, der Hufspur zu folgen. Im matt glänzenden Sand zeichneten sich die Abdrücke deutlich ab. Michael bewegte sich so lautlos wie möglich. Jetzt glaubte er auch, Stimmen zu hören. Der Junge hielt den Atem an. Es fiel das Wort „Nebukadnezar". Michael pirschte sich noch näher heran, bis er das Gespräch besser verstehen konnte.

„Woher hat sie Wind davon gekriegt?" fragte eine Männerstimme.

Eine andere Stimme, tiefer und mit einem Akzent, antwortete: „Angeblich ein Traum. Eines von diesen jungen Dingern, die sich einbilden, Schicksal und Zukunft zu kennen."

„Hm." Der Partner schien zu überlegen. „Wie groß schätzt du das Risiko?"

„Ziemlich hoch. Besser ist besser. Du solltest dich darum kümmern. Vielleicht kriegst du's hin, daß es wie ein Unfall aussieht."

In diesem Augenblick riß sich Michael an einem Dornbusch. Unwillkürlich entfuhr ihm ein Schmerzenslaut. Er steckte den blutenden Daumen in den Mund, ärgerlich über sich selbst.

„Da war doch ein Geräusch", sagte einer der beiden Männer, und seine Stimme klang alarmiert.

„Ich hab' nichts gehört."

„Doch, da war etwas, bestimmt!"

„Du hörst schon die Flöhe husten. Wahrscheinlich war's nur ein Wüstenfuchs. Jetzt nimm' dich zusammen: Die können gar nichts wissen!"

„Und wenn's stimmt mit dem Zweiten Gesicht?"

„Na und? Wenn sie tot ist, nützt es ihr auch nichts mehr."

Michael schluckte. Kalter Schweiß brach ihm aus. ‚Lieber Himmel', dachte er, ‚wenn die merken, daß ich gelauscht habe, dann gnade mir Gott!'

Er kämpfte gegen den Drang an, einfach fortzulaufen. Das wäre glatter Selbstmord gewesen. Der Reiter hätte ihn innerhalb von wenigen Sekunden eingeholt. Mit den beiden Kerlen war nicht zu spaßen!

Ganz vorsichtig ließ sich Michael auf den Boden nieder. Sein linkes Kniegelenk knackte laut. Ihm blieb beinahe das Herz stehen. Zum Glück schienen die Männer diesmal nichts gehört zu haben. Michael machte sich so klein wie möglich. Er mußte warten, bis die beiden weggingen. Hoffentlich dauerte das nicht mehr so lange ...

„Ich kann mich also auf dich verlassen. Du bringst die Sache in Ordnung?" fragte der eine.

Der andere brummte eine Antwort, die Michael nicht verstand. Dann schnalzte der Reiter mit der Zunge und trieb sein Pferd an. Er jagte in südliche Richtung davon, während sich der zweite Mann zu Fuß entfernte.

Sicherheitshalber wartete Michael noch zehn Minuten, bevor er zum Lager zurückging. Sein linkes Bein war eingeschlafen und prickelte so fürchterlich, daß er nur humpeln konnte.

„Du liebe Zeit", murmelte Michael, „wenn mich jetzt einer

verfolgen würde, könnte ich nicht mal weglaufen." Er kam sich schrecklich hilflos vor. Aber noch mehr peinigte ihn der Gedanke an das, was er soeben gehört hatte. Er war Zeuge eines Mordplans geworden!

Endlich war sein Bein wieder in Ordnung, und nach einer Viertelstunde des Herumirrens fand er auch Sammuramats Zelt wieder. Heike und Thomas waren inzwischen eingeschlafen, und nur Moorteufel bemerkte Michaels Rückkehr. Seufzend kroch der Junge unter seine Decke. Wie leicht konnte ein Fremder unbemerkt ins Zelt eindringen! Und wenn dieser Schurke nun einen Dolch oder ein scharfes Messer zückte ...

„Moorteufel, was meinst du? Sollen wir die anderen wecken? Oder sollen wir zwei Wache halten und ihnen erst morgen früh erzählen, was los war?"

Moorteufel winselte leise. Michael faßte es als Zustimmung auf. Er kraulte dem Hund zärtlich das Fell. „Du bist wirklich ein echter Freund. Du verstehst alles oder tust wenigstens so. Und du hast dich noch nie beschwert, daß du mit uns immer die haarsträubendsten Abenteuer erleben mußt. Was glaubst du denn: Werden wir Onkel Ambrosius wiederfinden?"

Moorteufel blieb stumm und leckte Michael die Hand. Der Junge seufzte. „Entschuldige, es war 'ne blöde Frage. Natürlich kannst du das nicht wissen. Keiner von uns weiß es ..."

Er streckte sich aus und starrte schweigend in die Dunkelheit. Seine Gedanken drehten sich im Kreis, und irgendwann schlief er darüber ein, obwohl er sich fest vorgenommen hatte, wachzubleiben.

Als er die Augen aufschlug, war es heller Tag. Man hatte schon damit begonnen, das Zelt abzubauen, und Michael blickte in den Himmel.

„Na endlich", sagte Heike ungeduldig. „Wir haben schon gedacht, du wirst überhaupt nicht mehr wach. – Ehrlich, ich versteh' nicht, daß du wie ein Murmeltier schlafen kannst. Wir anderen haben kaum ein Auge zugetan ..."

„Kein Auge zugetan, haha." Michael setzte sich auf. Langsam kehrte die Erinnerung zurück. „Als ich heute nacht ins Zelt gekommen bin, habt ihr so fest gepennt, daß nebenan eine Bombe hätte hochgehen können, ohne daß ihr etwas gemerkt hättet.“ Er stöhnte plötzlich auf. „Oh Mensch, ich Idiot! Ist Sammuramat okay?“

„Es geht ihr gut“, antwortete Heike. „Warum fragst du?“

Michael erzählte von dem Gespräch, das er in der Nacht belauscht hatte. Heike sah ihren Bruder skeptisch an.

„Bist du sicher, daß du das Ganze nicht geträumt hast?“

„Denkst du wohl, ich kann das nicht unterscheiden?“ brauste Michael auf. „Um ein Haar hätten sie mich erwischt! Sie wollen Sammuramat ermorden, weil sie glauben, daß sie ihren Plänen gefährlich werden kann. Das Ganze hat sich verdammt nach einer Verschwörung angehört!“

Heike runzelte die Stirn. „Micha, wenn das stimmt …“

„… dann ist Sammuramat in höchster Gefahr“, ergänzte Michael. „Außerdem wird die Botschaft an Nebukadnezar nie in Babylon ankommen.“

Heike starrte ihren Bruder einen Moment lang wortlos an, dann tippte sie ihm auf die Schulter und sagte: „Los, komm mit. Wir müssen Sammuramat Bescheid geben.“

Michael kroch endlich aus seiner Decke hervor. Die Dienerinnen eilten herbei, denn sie hatten schon darauf gewartet, die Tücher zusammenzurollen und zu verschnüren.

Die Kinder fanden Sammuramat bei den Pferden. Das Mädchen hatte gerade Enkidu gestriegelt und war dabei, ihn aufzuzäumen. Sein schwarze Fell glänzte in der Morgensonne. Heike blickte voller Bewunderung auf den Hengst. So ein schönes Pferd hatte sie sich schon lange gewünscht.

Hastig berichtete Michael, was sich in der Nacht zugetragen hatte. Sammuramat hörte ihm ruhig und ohne ihn zu unterbrechen zu. Michael bewunderte insgeheim ihren Mut. Sammuramat wurde weder blaß noch zitterten ihre Finger, als sie die Zügel an Enkidus Halfter anknotete.

„Mein Vater kennt den Namen des Kuriers und wird ihn sich merken. Noch wichtiger ist der andere Mann. Hast du sein Gesicht gesehen? Kannst du ihn beschreiben?“

Michael schüttelte bedauernd den Kopf. „Ich habe gar nichts gesehen. Ich hab’ nur seine Stimme gehört, die war tief … und irgendwie mit einer komischen Betonung. Ich glaube schon, daß ich die Stimme wiedererkenne, wenn ich sie noch einmal höre.“

„Hast du denn keine Angst?“ fragte Heike jetzt. „Wenn sie dich tatsächlich umbringen wollen ...“

„Ich glaube nicht, daß sie tagsüber einen Anschlag wagen“, entgegnete Sammuramat. „Selbst wenn, dann wird mich mein Gefühl vorher warnen.“

‚Ich würde mich nicht auf mein inneres Alarmsystem verlassen‘, dachte Heike. Ihr war das Ganze nicht geheuer. Suchend sah sie sich um. Sie vermißte Thomas.

„Er versorgt die Esel“, sagte Sammuramat, der Heikes Blick nicht entgangen war. „Übrigens habe ich ihm Talg zum Einreiben gegeben. Vielleicht solltet ihr das Mittel auch anwenden – dann übersteht ihr den Tag auf dem Eselrücken besser.“ Plötzlich erschien eine steile Falte auf ihrer Stirn. „Ich muß unbedingt meinen Vater sprechen. Er muß einen anderen Kurier nach Babylon schicken, damit der König gewarnt wird.“

„Bist du fertig, Sammuramat?“ ertönte von weiter hinten eine Stimme. „Wir wollen aufbrechen. Wir sind ohnehin schon bei der Nachhut.“

„Ich komme gleich“, rief Sammuramat zurück. Enkidu schnaubte und warf seinen Kopf in die Höhe. Sie befestigte noch den anderen Zügel, dann schwang sie sich auf den Pferderücken – trotz der Verkrüppelung flott und sicher. Enkidu trabte an.

„Beeilt euch“, schrie Sammuramat Heike und Michael zu. „Ich reite voraus, meinen Vater suchen.“ Sie drückte Enkidu die Fersen in die Flanken und stob davon.

„Ein tolles Pferd“, murmelte Heike versonnen. „Ich würde alles darum geben, wenn ich selber –“ Sie brach ab und seufzte. „Los, Micha, zu Thomas. Mal sehen, was der zu deiner Beobachtung sagt. Apropos, ein bißchen Talg wäre nicht schlecht, meinst du nicht?“

Die Sonne brannte vom Himmel herab. Es war mitten am Nachmittag, der Weg dehnte sich endlos, und die Esel zuckelten lustlos vor sich hin. Sammuramat ritt wieder neben den Zeitreisenden; ihr Gesicht war verschlossen und finster. Sie hatte ihren Vater nicht gefunden. Er mußte ganz an der Spitze des Gefangenenzugs reiten.

„Sicher werde ich ihn heute abend sprechen können“, sagte

Sammuramat und biß sich auf die Lippen. „Wir verlieren einen ganzen Tag. Hoffentlich ist es für Nebukadnezar nicht zu spät."

„Du machst dir mehr Sorgen um den König als um dich selbst", bemerkte Thomas trocken.

Sammuramat sah ihn verwundert an. „Was ist daran so seltsam? Die Warnung, die ich heute nacht erhielt, betraf Nebukadnezar, nicht mich."

„Und du vertraust deinen Eingebungen völlig?" fragte der Junge.

Sammuramat preßte die Lippen zusammen und antwortete nicht.

Thomas machte sich insgeheim Vorwürfe. Er hatte Sammuramat nicht beleidigen wollen.

Plötzlich gab es im Zug eine Stockung. Ganz unvermutet blieben die Leute vor ihnen stehen, so daß Sammuramat und die Zeitreisenden heftig an den Zügeln ziehen mußten, um ihre Reittiere zu stoppen.

„Was ist los? Warum geht es nicht weiter?" brüllte ein Mann von hinten.

„Keine Ahnung. Vielleicht ist jemand zusammengebrochen, oder ein Pferd spielt verrückt", murmelte Sammuramat. Ärgerlich blickte sie sich um. Enkidu schnaubte und tänzelte nervös, weil man von hinten so sehr drängte.

„Leute, könnt ihr nicht zurückbleiben?" rief Sammuramat. „Ihr seht doch, daß wir im Moment nicht vorankommen."

„Hat uns dieser verkrüppelte Fratz etwas zu befehlen?" murrte ein Männerstimme hinter ihnen.

Sammuramat schoß die Röte ins Gesicht. Michael sah, wie ihre Hände zitterten. Die Finger an ihrem mißgestalteten Arm spreizten sich und zuckten ohne ihr Zutun. Der Hengst wurde immer reizbarer. Von hinten schob sich ein Lastkamel heran.

„Haltet doch euer Tier zurück", zischte Sammuramat dem Treiber zu. „Mein Pferd haßt Kamele."

„Kann ich verstehen", brummte Michael. Zum Glück schien sein Esel ein gleichmütiges Tier zu sein, das sich nicht aus der Ruhe bringen ließ.

Enkidu wieherte schrill. Sammuramat preßte ihre Beine fest gegen seine Flanken, und so gelang es ihr, auf dem Pferderücken zu bleiben, als der Hengst stieg. Seine Vorderhufe wirbelten durch die Luft. Heikes Esel machte einen Hüpfer zur Seite und blökte vor Schreck. Der Esel, auf dem Thomas saß, schlug nach hinten aus. Der Junge verlor das Gleichgewicht, rutschte erst auf den Hals und fiel dann zu Boden.

„Verdammt!" Instinktiv rollte sich Thomas zur Seite, um sich vor Enkidus Hufen in Sicherheit zu bringen. Heikes Esel trat ihn, und er spürte einen stechenden Schmerz in den Rippen. Dann gelang es ihm, auf die Beine zu kommen. Er keuchte.

„Bist du verletzt?" schrie Heike entsetzt. Thomas' Antwort hörte sie nicht, weil das Chaos immer größer wurde. Die Tiere gerieten durch das Gedränge in Panik. Sammuramat kämpfte mit Enkidu, der sich erneut aufbäumte. Einen Augenblick sah es so aus, als hätte sie den Hengst endlich unter Kontrolle. Enkidu schnaubte heftig. Sammuramat tätschelte ihm mit der gesunden Hand den Hals und sprach beruhigend auf ihn ein. Plötzlich sah Michael etwas in der Luft aufblitzen. Im gleichen Moment machte Enkidu einen Riesensatz, sprang über Moorteufel hinweg, fand eine Lücke im Gewühl und stürmte los. Sammuramat klammerte sich verzweifelt an seiner Mähne fest. Heike sah ihr bestürzt nach. Sammuramat war zwar eine gute Reiterin, aber bei dem halsbrecherischen Tempo machte sich ihre Behinderung doch bemerkbar. Heike war klar, daß Sammuramat irgendwann stürzen würde. Sie hing schon ganz schief auf dem Pferderücken. Heike schloß vor Entsetzen die Augen.

Michael aber drückte entschlossen seinem Esel die Fersen in die Flanken, zog den Zügel herum und lenkte sein Tier ebenfalls aus der Menge heraus. Der Esel fiel in einen unregelmäßigen Trab, zu einem größeren Tempo war er nicht bereit. Michael hüpfte hart auf dem Eselsrücken auf und nieder. Er biß die Zähne zusammen. Enkidus Hufspuren waren im Sand gut sichtbar. Und Michael sah noch mehr: Blutflecken …

„Hab' ich mich also doch nicht getäuscht", zischte er. „Irgendein gemeiner Schurke hat Enkidu mit einem Messer verletzt. Der Hengst sollte durchgehen …"

Er wandte den Kopf, aber er war schon zu weit von der Menge entfernt, um etwas Genaueres zu erkennen. Nur ein Mädchen schob sich aus dem Gedränge. Es war Heike, inzwischen auch zu

Fuß. Sie winkte. Michael hob die Hand, aber die Bewegung brachte ihn fast aus dem Gleichgewicht. Fehlte noch, daß er ebenfalls im Sand landete ...

Er blickte wieder nach vorne. Der Esel hatte die Gelegenheit ausgenützt und war langsamer geworden. Michael trieb ihn erneut an. „Los, mach schon, alter Freund! Aus dir wird nie ein Rennpferd!“

Von Sammuramat und Enkidu war inzwischen nichts mehr zu sehen. Nur eine Staubwolke lag dort in der Luft, wo sie zuletzt gewesen waren. Michael merkte bestürzt, daß es auf den Fluß zuging. Schon sah er die schmutzigbraunen Fluten des Euphrat ... War Enkidu vor Schmerz und Panik geradewegs in den Fluß galoppiert?

„Sammuramat“, schrie Michael voller Angst. Er erreichte eine Böschung. Der Esel machte die Beine steif und schlitterte den Hang hinab. Michael lehnte sich zwar zurück, doch sein eigenes Gewicht ließ ihn immer tiefer über den Eselshals sinken ... Es hatte keinen Sinn mehr. Michael rutschte zur Seite und flog in den Staub. Er überschlug sich ein paarmal, bekam Erde und Distelflocken in die Nase und rappelte sich dann heftig niesend wieder hoch. Ernsthaft verletzt war er nicht, nur die Hände waren etwas aufgeschürft. Der Esel war ein paar Meter vor ihm stehengeblieben und blickte mit verdattertem Gesicht seinen Reiter an.

„Das war eben großartig,“ sagte Michael trocken und tätschelte dem Grautier das Fell. Dann wischte er sich den Schmutz aus dem Gesicht. An seinen Wimpern hingen noch Erdkrümel, die seine Sicht beeinträchtigten. Dort drüben – Enkidus Hufspur! Michael setzte sich in Bewegung und trabte los. Der Esel folgte ihm, ohne daß er ihn dazu auffordern mußte.

Hinter einer Gruppe von Dattelpalmen und dichtem Gebüsch entdeckte Michael den schwarzen Hengst. Sammuramat war nicht bei ihm. Als das Pferd den Jungen sah, rollte es mit den Augen, legte die Ohren an und wich zurück.

„Hooo“, sagte Michael und bemühte sich, seine Stimme beruhigend klingen zu lassen. „Ich tu’ dir doch nichts. Du brauchst keine Angst vor mir zu haben.“ Sein Herz klopfte heftig. Wo, zum Teufel, steckte Sammuramat?

Michael formte seine Hände zu einem Trichter und rief ihren Namen. Er bekam keine Antwort. Oder war da ein Stöhnen gewesen? Michael hielt den Atem an und lauschte. Über ihm in der Dattelpalme gurrte eine Taube. Plötzlich raschelte es hinter dem Jungen. Er fuhr herum. Doch es war nur der Esel, der an ein paar Blättern zupfte.

Michael stöhnte. Systematisch durchstöberte er jetzt das Gebüsch. Keine Spur von Sammuramat! Sie war wie vom Erdboden verschluckt.

„Enkidu“, sagte Michael eindringlich, „wo hast du sie abgeladen?“

Der Hengst warf den Kopf zurück und schnaubte.

„Du brauchst dich nicht gleich so aufzuspielen“, entgegnete Michael. „Ich weiß ja, daß man von dir keine vernünftige Antwort erwarten darf.“ Wieder rief er nach Sammuramat. Jetzt stolperte Heike die Böschung herunter.

„Hast du sie gefunden?“

Michael verneinte. „Nur Enkidu.“

„Meinst du, sie ist in den Fluß –“ Heike beendete den Satz nicht.

„Glaub' ich nicht. Der ist noch ein Stück weit weg, und Enkidu ist ganz trocken. – Hast du das Messer auch fliegen sehen?“

„Welches Messer?“

Michael berichtete von seiner Beobachtung.

„Du meinst, das Ganze war Absicht?“ fragte Heike betroffen.

„Da kannst du Gift drauf nehmen. Los, komm, wir sehen dort drüben nach, da war ich noch nicht.“

Zunächst blieb ihre Suche auch weiterhin erfolglos. Heike schlug bereits vor, noch einmal zurückzugehen und Moorteufel zu holen. Der Hund hätte ihnen sicherlich helfen können.

„Das kostet zuviel Zeit“, wandte Michael ein. „Vielleicht liegt Sammuramat irgendwo und ist verletzt ...“

Heike biß sich auf die Lippen. Hoffentlich kamen sie nicht zu spät! Plötzlich entdeckte sie am Flußufer etwas Grünes, das sich nur schwach von der Farbe der Pflanzen abhob.

„Dort!“ Ihr Finger schnellte vor. Heike und Michael rannten los. Das Mädchen war flinker und erreichte die Liegende zuerst.

Sammuramat rührte sich nicht. Sie war klatschnaß, und ihre

Beine hingen noch immer im Fluß. Heike drehte das Mädchen vorsichtig herum und erschrak über Samurammts Blässe. An der Schläfe klaffte eine Wunde. Offenbar war Sammuramat mit dem Kopf auf einen Stein gefallen und lag in tiefer Bewußtlosigkeit. Heike tastete nach ihrem Handgelenk und fühlte ein schwaches Pulsieren.

Jetzt keuchte Michael heran. „Ist sie tot?“

Heike schüttelte den Kopf. „Nein. Hilf mir.“ Gemeinsam zogen sie das Mädchen weiter ans Ufer und betteten es behutsam aufs Gras.

„O Mann, die hat's bös erwischt“, murmelte Michael, als er Sammuramats Kopfwunde sah.

Heike strich Sammuramat vorsichtig das nasse Haar aus der Stirn. „Arme Sammuramat“, sagte sie mitleidig. Dann blitzte sie Michael an. „Komisch. Wenn sie auf einen Stein gestürzt ist, warum ist sie dann so naß? Und Enkidu steht ja auch an einer ganz anderen Stelle. Siehst du hier irgendwo Fährten von Pferden?“

Gebückt untersuchte Michael den Boden. „Nein, keine Hufspuren. Aber da ist etwas anderes. Schau – es sieht ganz so aus, als wäre hier etwas entlanggeschleift worden.“

Heike stand auf und betrachtete die Stelle. „Weißt du, was ich glaube?“

Sie wechselten einen Blick. „Genau“, sagte Michael. „Sammuramat ist vom Pferd gefallen, und jemand hat ihr einen Schlag auf den Kopf gegeben. Und dieser Jemand wollte sie dann in den Fluß werfen. Bewußtlos wie sie ist, wäre sie sicherlich ertrunken.“ Er schluckte. „Ganz hat der Plan nicht geklappt. Vielleicht hatte der Schurke zu wenig Zeit, weil ich hinterher geritten bin. Oder Sammuramat konnte aus eigener Kraft ans Ufer gelangen und wurde erst danach ohnmächtig.“

„So eine Gemeinheit!“ empörte sich Heike.

„Keine Gemeinheit“, sagte ihr Bruder finster. „Das war ein Mordanschlag.“

Heike strich sachte über Sammuramats Wange. Das Mädchen reagierte nicht.

„Wir können sie schlecht hier am Ufer liegenlassen“, bemerkte Michael.

Mit vereinten Kräften hievten sie Sammuramat auf Michaels Esel, der sich willig hatte herbeiholen lassen.

„Hoffentlich hat sie keine Gehirnerschütterung“, meinte Heike. Vorsichtig führten sie das Tier die Böschung hinauf und hielten die Verletzte dabei von links und rechts fest. Als sich Heike umdrehte, sah sie, wie Enkidu ihnen nachblickte. Der Hengst stand noch an der selben Stelle wie zuvor.

Heike biß sich auf die Lippen. Es gefiel ihr nicht, daß das Pferd zurückblieb, doch es war im Augenblick wichtiger, sich um Sammuramat zu kümmern. Außerdem traute sich Heike nicht zu, mit dem erregten Hengst fertigzuwerden, wenn es nicht einmal Sammuramat geschafft hatte. Vielleicht kehrte Enkidu ja von selbst zum Trupp zurück.

Die Stockung hatte sich inzwischen teilweise aufgelöst. Thomas stand mit schmerzverzerrtem Gesicht auf der Seite und hielt die beiden Esel fest. Moorteufel leistete ihm Gesellschaft. Ein paar Frauen und Sammuramats Dienerinnen warteten ebenfalls im Schatten einiger Bäume. Als sie Heike und Michael entdeckten, liefen sie ihnen aufgeregt entgegen.

„Was ist passiert? Hatte sie wieder einen Anfall?“

Heike und Michael wechselten einen schnellen Blick.

„Sie ist vom Pferd gestürzt und hat sich verletzt“, antwortete Michael. Thomas und Sammuramats Vater würden sie die Wahrheit sagen, aber die Dienerinnen hätten sich sicher nur beunruhigt. Außerdem konnte man nie wissen, ob nicht eine von ihnen mit den Verrätern unter einer Decke steckte. Michael nahm sich vor, Sammuramat keinen Moment mehr aus den Augen zu lassen.

Während sich die Frauen um Sammuramats Wunde kümmerten, trat Heike neben Thomas und fragte besorgt:

„Bist du schlimm verletzt?“

„Wenn ich Pech habe, dann hat mir das Biest die Rippen gebrochen.“

„Tut's beim Atmen weh?“

Thomas nickte mit zusammengebissenen Zähnen. Heike sah die Schweißperlen auf seiner Stirn. Sie empfand großes Mitleid. „Diesmal geht alles schief, ich hab's gewußt!“

„Ich hoffe nur, daß die Fernbedienung nicht gelitten hat“,

sagte Thomas dumpf. Dann gestand er: „Ich hab' sie vor fünf Minuten ausprobiert. Die Zeitmaschine ist nicht gekommen."

Heike schluckte. „Vielleicht hast du in der Aufregung auf die falschen Tasten gedrückt ... oder ... oder das Ding hat einen Wackelkontakt ..."

„Möglich", erwiderte Thomas. „Ich wollte nicht länger herumprobieren, um kein Aufsehen zu erregen. Aber heute nacht ..."

In diesem Moment berührte eine von Sammuramats Dienerinnen Heike an der Schulter.

„Sie kann nicht reisen. Wir müssen ihren Vater benachrichtigen."

Heike nickte. Insgeheim machte sie sich Vorwürfe wegen dem, was mit Sammuramat geschehen war. Aber hätten sie Sammuramat besser beschützen können? Mit den fiesen Tricks der Verschwörer hatte keiner von den Zeitreisenden gerechnet! Und Sammuramat war auch nicht von ihrer inneren Stimme gewarnt worden ...

Eine Stunde später kam Sammuramat wieder zu sich. Ihre Augen waren ganz klar, und sie schien sich auch sofort wieder an alles zu erinnern. Voller Empörung wollte sie sich aufsetzen, doch Heike drückte sie sanft auf den Boden zurück.

„Du darfst dich nicht bewegen. Wir wissen nicht, ob du eine Gehirnerschütterung hast oder nicht."

„Er hatte sich ein Tuch um den Kopf gebunden", berichtete Sammuramat. „Er sprang so plötzlich hinter dem Busch vor, daß sich Enkidu auf die Hinterbeine stellte. Ich rutschte von seinem Rücken – dem Maskierten direkt vor die Füße. Er hatte eine Keule in der Hand und versetzte mir einen heftigen Schlag an die Schläfe. Ich war ganz benommen, aber ich merkte, daß er mich zum Fluß schleifte. Ich wußte, er wollte mich ertränken und stellte mich bewußtlos. Er warf mich ins Wasser und ich blieb so lange unten, wie ich die Luft anhalten konnte ... Irgendwie hab ich's dann noch ans Ufer geschafft, bevor mich meine Kräfte im Stich gelassen haben."

„Es war ein ganz hinterhältiger Mordplan", murmelte Michael. Vorsichtshalber überzeugte er sich, daß niemand lauschte, aber die Dienerinnen waren alle außer Hörweite. „An dem Komplott müssen mindestens drei Leute beteiligt sein. Einer, der weiter vorne die Stockung verursacht hat, der zweite, der das Messer geworfen hat, und der dritte mit der Keule ..."

„Welches Messer?" fragte Sammuramat. Als sie erfuhr, wie man Enkidu gepeinigt hatte, stöhnte sie auf. „Ich konnte mir einfach nicht erklären, was plötzlich in ihn gefahren war ... Enkidu ist zwar ein hochsensibles Pferd, aber so wie vorhin hat er sich noch nie benommen." Sie schlug die Hände vors Gesicht und weinte.

Michael schnitt eine Grimasse.

„Es muß noch einer an der Verschwörung beteiligt sein", sagte Thomas plötzlich. „Nämlich der falsche Kurier."

„Falls der nicht einer von den drei genannten Personen ist", meinte Michael. „Ich weiß ja nicht, wie er aussieht. Nur die Stimme des anderen würde ich vermutlich wiedererkennen, aber das nützt uns im Moment auch wenig."

„Was ist mit Enkidu?" fragte Sammuramat. „Ist seine Wunde tief?"

„Seine Verletzung wird in einer Woche geheilt sein", ertönte plötzlich eine Stimme hinter ihnen. „Aber ich mache mir große Vorwürfe."

„Vater!" Sammuramats Kopf fuhr herum, sie ächzte vor Schmerz.

„Du mußt ruhig liegen", sagte Heike vorwurfsvoll. „Sonst verrutscht dein Verband." Sammuramat trug an ihrer Schläfe einen Umschlag mit kühlenden und entzündungshemmenden Kräutern.

Nebusaradan setzte sich auf den Boden neben seine verletzte Tochter. Sammuramat blinzelte, denn wenn sie ihren Vater ansah, wurde sie von der Sonne geblendet.

„Es war ein Fehler, daß du nicht in Babylon geblieben bist", sagte Nebusaradan. „Ich will dich nicht verlieren, du meine einzige Tochter, du mein Augenlicht. Wenn du durch meinen Leichtsinn getötet wirst, werde ich es mir nie verzeihen."

„Willst du mich etwa in einen Turm sperren?" begehrte Sammuramat auf. „Du weißt, wie sehr ich meine Freiheit brauche. Ohne Enkidu und meine Ritte wäre ich nur noch ein halber Mensch."

„Sammuramat, diesmal bist du ernstlich in Gefahr." Nebusaradans Stimme klang eindringlich. „Es gibt offenbar Leute, denen deine Prophezeiungen ein Dorn im Auge sind. Ich kann dich nicht den ganzen Tag bewachen, dazu habe ich nicht die Zeit. Und einen zweiten Mordanschlag wirst du wahrscheinlich nicht überleben."

Sammuramat preßte die Lippen zusammen. „Und was soll ich deiner Meinung nach tun, Vater?" fragte sie leise. Trotzdem hörten die Zeitreisenden aus ihrem Tonfall ein Hauch Trotz heraus.

Nebusaradans Stirn furchte sich. „Marduk möge mir verzeihen, aber wir werden überall verkünden lassen, daß du todkrank bist und wahrscheinlich nicht mehr lange leben wirst. Das wird diese Pestbeulen von Verschwörern hoffentlich abhalten, einen weiteren Mordversuch zu unternehmen. Ab sofort wirst du in einer Sänfte unter strenger Bewachung reisen. Welche von deinen Dienerinnen hältst du für absolut vertrauenswürdig?"

„Alle und keine", antwortete Sammuramat. Ohne auf Heikes Proteste zu achten, setzte sie sich auf. „Du willst mich also sozusagen lebendig begraben. – Nein, sag nichts, ich weiß, es soll nur zu meinem Besten sein. Und wer garantiert dir, daß niemand mein Essen vergiftet? Oder daß mir jemand eine Schlange oder einen Skorpion in die Sänfte schmuggelt?" Sie blickte ihren Vater unverwandt an. „Und was ist mit Nebukadnezar? Willst du zulassen, daß er umgebracht wird? Die Warnung wird Babylon nie erreichen. Selbst wenn du einen weiteren Kurier beauftragst, kannst du nicht sicher sein, ob er nicht ebenfalls zu den Verrätern gehört."

Nebusaradan bedeckte sein Gesicht. „All dies ist mir vollkommen klar, Sammuramat. Du brauchst mich nicht zu belehren. Ich finde nur, daß deine Sicherheit im Moment am wichtigsten ist."

„Meine Sicherheit", wiederholte Sammuramat spöttisch. „Soll ich deswegen aufs Reiten verzichten und mich tragen lassen wie eine alte Frau? Wie ein Krüppel?"

Das letzte Wort klang herausfordernd. Nebusaradan seufzte tief.

„Ich sage dir eins, Vater", brach es aus Sammuramat heraus. „Ich möchte lieber eine Woche alle Gefahren auf mich nehmen, als mein restliches Leben eingesperrt hinter Mauern zu verbringen. Ich will keine Sicherheit, keine Süßigkeiten, keinen Luxus. Ich will frei sein, den Wind auf meinen Wangen spüren und ein Pferd unter mir haben. Ich will die Weite der Erde erleben und fühlen, wie die Sonne auf meiner Haut brennt. Und wenn ich das Zwitschern der Vögel höre, dann sollen es freie Vögel sein – keine in Käfigen!"

„Du bist ein ungewöhnliches Mädchen", murmelte Nebusaradan geschlagen. „Ich fürchte, dein zukünftiger Ehemann wird keine große Freude an dir haben. Aber du bist unser einziges Kind, und du weißt, daß ich dir immer jeden Wunsch erfüllt habe."

„Dann erfülle mir auch jetzt einen Wunsch", forderte Sammuramat. Nebusaradan sah seine Tochter erstaunt an. Diese zog ihren Vater dicht zu sich heran und flüsterte ihm etwas ins Ohr. Nebusaradans Augen wurden immer runder.

„Das ist unmöglich, das kann ich dir nicht erlauben ... Dieser Plan ist Wahnsinn."

„Nein, Vater", widersprach Sammuramat. „Wenn du das tust, was ich dir eben gesagt habe, werden mir die Verschwörer kein Haar krümmen."

Nebusaradan kämpfte mit sich. Dann stand er auf, und sein Gesicht war unbewegt, als er sagte: „Möge Marduk dir beistehen. Ich bete darum, daß wir uns in Babylon wiedersehen werden."

Überfall in der Wüste

„Wenn du müde bist oder Kopfschmerzen hast, dann sag' bitte Bescheid", bat Sippar, ein hochgewachsener junger Babylonier, der auf einem Dromedar ritt. „Dein Vater hat mir aufgetragen, gut auf dich zu achten."

„Es hätte mich auch gewundert, wenn es anders gewesen wäre", murmelte Sammuramat. „Aber ich kann dich beruhigen: Es geht mir bestens."

Sippar pfiff leise vor sich hin und trieb das Kamel an. Der Babylonier kannte sich in der Wüste sehr gut aus. Nebusaradan vertraute Sippar und hatte ihn unter seinen Gefolgsleuten ausgewählt, Sammuramat und die Zeitreisenden nach Babylon zu begleiten.

Sammuramats Plan war abenteuerlich: Sie hatte beschlossen, den Weg durch die Wüste zu nehmen, um heimlich nach Babylon zu gelangen und den König zu warnen. Nebusaradan sollte unterdessen das Gerücht verbreiten, daß seine Tochter sehr schwer verletzt sei und nur in einer Sänfte reisen könne. Eine von den Dienerinnen sollte Sammuramats Rolle in der Sänfte spielen. Sammuramat aber und ihre Begleiter hatten in der Stille der Nacht den Zug verlassen.

Der Halbmond hing am Himmel. Die Nacht war klar. Matt glänzte der Sand, während sich die Reiter durch die Wüste bewegten. Es war kalt; Heike fröstelte während des Reitens, obwohl sie eine Decke um sich geschlungen hatte. Über ihr funkelten die Sterne. Insgeheim fand Heike das Vorhaben ziemlich riskant. Sie hatte nicht damit gerechnet, daß Nebusaradan seiner Tochter nachgeben würde, da er sie wie seinen Augapfel liebte. Insgeheim bewunderte Heike Sammuramats Mut, aber sie machte sie auch Sorgen, ob sich Sammuramat nicht überanstrengte. Mit einer Kopfverletzung war nicht zu spaßen. Zum Glück hatte sich Enkidu beruhigt. Sein Gang war sicher und gleichmäßig, und er gehorchte dem leisesten Zügelzug.

„Wir machen zwar einen Umweg", sagte Sippar, „aber wir sind schneller als die anderen. In spätestens vier Tagen erreichen wir Babylon."

„Mein Rücken ist schon ganz steif", klagte Michael, der neben Heike ritt. „Und von meinem Hinterteil rede ich lieber erst gar nicht. He, Heike, warum nehmen wir eigentlich nicht die Zeitmaschine?" Er machte eine vielsagende Kopfbewegung zu Sippar und Sammuramat. „Ich glaube, Sippar ist in Ordnung."

Heike fiel siedendheiß ein, was Thomas tagsüber gesagt hatte. Sie drückte ihrem Esel die Fersen in die Flanken und hatte nach ein paar Schritten Thomas eingeholt.

„Hast du noch einmal die Fernbedienung ausprobiert?"

Der Junge wandte den Kopf. Sein Gesicht schimmerte fahl im Mondlicht, und Heike sah, wie er die Zähne zusammenbiß. Er hatte noch immer Schmerzen.

„Ich hab's dreimal versucht, Heike."

„Und?" Eigentlich brauchte sie nicht mehr zu fragen, sein Tonfall war Antwort genug. Es war ihm nicht gelungen, die Zeitmaschine aus der fünften Dimension zu holen!

„Einmal hat die Luft geflimmert", berichtete Thomas gedrückt. „Ganz kaputt ist die Fernbedienung also nicht. Sicher könnte sie der Professor reparieren ..."

„Aber erst müssen wir ihn finden", erwiderte Heike. Mutlosigkeit überkam sie; sie kämpfte dagegen an. Hatte Sammuramat nicht gesagt, daß man ihnen in Babylon weiterhelfen würde? Sie zwang sich, fest daran zu glauben. Automatisch trieb sie ihren Esel an, und es fiel ihr erst auf, als Michael sie überholte.

„Du hast aber ein Tempo drauf! Willst du noch heute nacht nach Babylon?"

„Je früher, desto besser." Heike erzählte ihm von dem neuen Mißgeschick.

„Diesmal haben wir am laufenden Band Pech", bemerkte Michael düster. „Ich bin gespannt, wieviele Schlappen wir noch einstecken müssen."

Schweigend ritten sie weiter durch den endlosen Sand. Heike fragte sich insgeheim, wie sich Sippar in der Wüste zurechtfand. Orientierte er sich an den Sternen? Oder waren seine Anhaltspunkte auffallende Pflanzen, wie zum Beispiel der verkrüppelte Dornbusch dort drüben? Sippar schien die Wüste jedenfalls wie seine Westentasche zu kennen.

„Was murmelst du eigentlich dauernd vor dich hin?" fragte Sammuramat, die neben Sippar ritt, und sah ihn neugierig von der Seite an. „Hast du dir angewöhnt, mit dir selbst zu reden?"

Sippar wandte den Kopf und lachte verlegen, so daß seine weißen Zähne in der Dunkelheit hell aufblitzten.

„Es sind nur Vorsichtsmaßnahmen, Sammuramat. Mach dir keine Sorgen."

Sammuramat runzelte ärgerlich die Stirn. Sie haßte es, wenn sie ausweichende Antworten bekam.

„Ich mache mir aber Sorgen, daß du auf deinen langen Wüstenritten den Verstand verloren hast." Sie warf entschlossen den Kopf zurück.

Sippar rückte mit der Sprache heraus. Sein Gemurmel seien

Zaubersprüche gegen blutsaugende Dämonen, die sich angeblich in der Wüste aufhielten und dort einsamen Reitern und Wanderern auflauerten.

„Ich habe zwar noch keinen gesehen, aber sie tragen schwarze Umhänge, und das Weiße in ihren Augen ist blau. Kein lebendiges Wesen kann ihren Blick ertragen. Statt Fingernägel haben sie scharfe Klauen, und sie sind in der Nacht unterwegs, besonders in Mondnächten ..."

„Iiihhh, Vampire", sagte Michael ein wenig spöttisch. Es war ihm unbegreiflich, wie sich ein erwachsener Mann vor solchen Spukgestalten fürchten konnte.

Sippar räusperte sich, offenbar war ihm das Thema unangenehm. „Wenn man allein durch die Wüste reitet, kommen einem eben die seltsamsten Gedanken, und das Unmögliche scheint plötzlich möglich zu sein. Hast du noch nie erlebt, daß dich nachts die Angst anspringt wie ein schwarzer Schatten, sich an deinen Rücken klammert und du sie bis zum Morgen mit dir herumschleppen mußt?"

Heike, die neben Michael ritt, machte ihm ein heimliches Zeichen. Sie hatte den Eindruck, daß alle Babylonier furchtbar abergläubische Menschen waren. Ihnen zu widersprechen hieß, sich mit ihnen anzulegen.

Sippar wechselte das Thema. Er begann nun, seinen Begleitern eine Geschichte zu erzählen, in der die Götter die Vernichtung der Menschen beschlossen und eine gewaltige Flut auf die Erde schickten.

„Das Wasser stieg und stieg", berichtete Sippar und deutete mit seiner rechten Hand die Höhe an. „Und die Flut riß alles mit sich: Häuser, Bäume, Tiere ..."

„Warte", zischte Sammuramat plötzlich. „Dort vorne war ein Licht, ganz bestimmt. Jetzt ist es auf einmal weg."

Sie zügelte Enkidu. Der Hengst blieb sofort stehen. Auch die anderen hielten an.

„Ich sehe nichts", sagte Sippar nach einer Weile. „Du mußt dich getäuscht haben. Vielleicht war es auch nur ein Irrlicht, das uns auf einen falschen Weg locken will."

Heike fühlte, wie ein Schauder über ihren Rücken lief. Moorteufel, der sich bisher musterhaft verhalten hatte, winselte leise.

„Was hast du?“ fragte Thomas alarmiert. Er wollte sich zu seinem Hund herunterbeugen, aber die Bewegung bereitete ihm so heftigen Schmerz, daß er unwillkürlich aufstöhnte. Heikes Aufmerksamkeit war einen Moment lang abgelenkt.

„Jetzt hab' ich das Licht auch gesehen“, stieß Michael aus. „Es ist mir sogar vorgekommen, als seien es zwei.“

„Pst“, machte Heike. „Deswegen brauchst du nicht gleich so herumzubrüllen.“

„Sonst hören uns die Dämonen“, murmelte Sippar. Heike

bemerkte mit Schrecken, wie sehr der Zügel zitterte, den der Mann in den Händen hielt. Glaubte er wirklich, daß das Licht einen unnatürlichen Ursprung hatte?

Der naheliegendste Gedanke war doch, daß sich andere Reisende in der Wüste aufhielten!

Jetzt ertönte zur Linken ein durchdringender, schriller Schrei, der Heike das Blut in den Adern erstarren ließ. Ihr Kopf fuhr herum, und sie sah im Mondlicht, wie ein Reiter auf sie zujagte. Sein dunkler Umhang wehte wie eine Fahne hinter ihm her.

Sippar wendete blitzschnell sein Kamel. „Flieht, wenn euch euer Leben lieb ist!"

Das Dromedar fegte los. Enkidu folgte ihm. Heike riß ihre Zügel herum, doch sie verlor wertvolle Sekunden, bis ihre Esel die neue Richtung begriff. Thomas hielt sich die Seite, als sein Reittier in schnellen Trab fiel. Er keuchte vor Schmerzen.

„Das schaffen wir nie", japste Michael, der auf dem Rücken hin- und hergeworfen wurde. „Der Reiter ist viel schneller."

Nun erklang von der anderen Seite ein weiterer unheimlicher Schrei, und ein zweiter Reiter näherte sich von Westen her. Sippar stoppte so heftig, daß er fast von seinem Kamel fiel. In seinem Gesicht stand blanke Panik.

„Marduk, hilf!" flehte er. „Die Dämonen umzingeln uns!"

Heike war sich nicht sicher, ob die Schreckgespenster nicht menschlicher Natur waren. Die Pferde jedenfalls schienen aus Fleisch und Blut zu sein. Trotzdem – die flatternden Mäntel und das geisterhafte Auftauchen der Reiter flößten ihr Höllenangst ein. Am liebsten hätte sie abermals kehrtgemacht, doch als sie den Kopf wandte, sah sie, daß auch von hinten Reiter anrückten. Sie kamen aus der Richtung, in der Sammuramat zuvor das Licht gesehen hatten.

„Verdammt", sagte Michael zähneknirschend. „Wir sind verloren! Schätzungsweise sind die Kerle nicht darauf aus, mit uns Mensch-ärgere-dich-nicht zu spielen. Die wollen unser Geld oder unseren Skalp ..."

Flucht hatte keinen Sinn mehr. Sie hielten ihre Reittiere an und rückten so dicht wie möglich zusammen. Auch die Tiere spürten ihre Unruhe. Enkidu schnaubte nervös. Aus den Augenwinkeln beobachteten Sippar und seine Begleiter, wie der Kreis der unheimlichen Reiter langsam enger wurde. Es waren hochgewachsene Gestalten. Ihre Gesichter schimmerten im Mondlicht krankhaft weiß. Die Augen wirkten wie dunkle Löcher. Ein gespenstischer Mummenschanz ...

Heikes Zähne schlugen klappernd aufeinander. ‚Es kann nur Schminke sein', redete sie sich ein. ‚Räuber, die den Aberglauben der Babylonier ausnutzen ...'

„Was haben sie vor?" flüsterte Thomas.

Die Reiter bewegten sich nahezu lautlos. Nur das Geräusch der Pferdehufe im Sand war zu hören. Als einer der Fremden den Arm hob, sah Heike die krallenartigen Fingernägel. Sie preßte die Hand auf den Mund, um nicht laut aufzuschreien.

Sippars Lippen bewegten sich ununterbrochen. Er flehte die Götter um Schutz an. Sammuramat stöhnte leise.

„Könnte ich meine Gabe nur besser benutzen! Ich würde einen Blitz vom Himmel herabschleudern und sie verfluchen!"

„Es sind dreizehn Stück", murmelte Michael tonlos. „Wir sind den Kerlen hoffnungslos unterlegen."

Der Kreis schloß sich. Noch immer hatte keiner der Reiter ein Wort gesprochen, doch ihre Blicke schienen die Kinder zu durchbohren. Die Luft knisterte vor stummer Drohungen. Michael fühlte, wie sich seine Haare sträubten. Moorteufel knurrte.

Endlich löste sich einer der Reiter aus dem Kreis und kam auf sie zu. Sein weißes Gesicht war hager, und die Wangenknochen traten im Mondlicht deutlich hervor. Auch sein Pferd kam Heike riesig vor, aber vielleicht lag es daran, daß der Esel, auf dem sie saß, relativ klein war. Einen Moment lang spiegelte sich der Mond in den Augen des Fremden. Sie quollen weit aus den Höhlen und wirkten gläsern.

Jetzt begann der Reiter zu sprechen.

„Legt euren gesamten Schmuck ab. Wir wollen alles Gold und Silber, das ihr bei euch habt, Perlen und Edelsteine. Wenn ihr tut, was wir euch sagen, dann wird euch kein Haar gekrümmt. Ansonsten ..." Er brach ab, und es blieb den Zuhörern überlassen, sich die Schreckensvorstellungen auszumalen.

Heike merkte, wie sie zitterte. Ihre Knie, die am rauhen Eselsleib anlagen, schlotterten so heftig, daß sich ihre Unruhe auf das Tier übertrug. Der Esel gab einen tiefen Seufzer von sich und stieß jämmerliches „Iahhhh“ aus.

Sammuramat streifte mit fahrigen Fingern einen goldenen Armreif ab. Sie war so aufgeregt, daß ihr der Reif entglitt, auf den Boden fiel und dort klirrend gegen einen Stein stieß. Sippar regte sich kaum. Schweißperlen sammelten sich auf seiner Oberlippe. Dann zischte er plötzlich: „Verschwindet, Dämonen der Nacht!“ und spreizte Zeige- und Mittelfinger gegen den Reiter. Vermutlich war es ein Mittel, teuflischen Zauber und Hexenwerk abzuwehren, aber leider funktionierte es nicht. Der Reiter verzog den Mund nur zu einem verächtlichen Grinsen.

Sippar war verunsichert, doch gleichzeitig auch erleichtert. Offenbar hatte er es nicht mit übernatürlichen, sondern mit menschlichen Gegnern zu tun. Er nahm allen Mut zusammen, straffte sich und sagte mit fester Stimme:

„Ich verlange, daß ihr uns friedlich des Weges ziehen laßt.“

Der Reiter lachte. Es war ein kaltes, gespenstisches Gelächter.

„Genau das haben wir vor“, entgegnete er höhnisch. „Aber erst, wenn ihr uns gehorcht habt.“

Die anderen Reiter waren inzwischen näher herangekommen. Die Kinder rochen die Ausdünstungen der Pferde und einen muffigen, säuerlichen Duft, der vermutlich von den Umhängen stammte. Plötzlich blitzte ein Dolch im Mondlicht auf, und schneidend erklang die Stimme des Anführers:

„Sie rücken nicht freiwillig ihre Schätze heraus. Durchsucht sie!“

Sofort schwangen sich die zwölf Reiter von ihren Pferden und waren mit wenigen Schritten bei den Reisenden. Enkidu stieg auf die Hinterbeine, doch ein Mann riß mit starker Hand an seinem Zügel, während ein anderer Sammuramat herabzog.

„Wahrhaft ein schönes Tier! Mir juckt es in den Fingern, diesen Hengst gegen meine klapprige Stute einzutauschen!“

„Halt's Maul! Was ist mit dem Mädchen? Kann man sie als Sklavin verkaufen?“

Der Mann, der Sammuramat gerade in den Armen hielt, ließ sie so plötzlich los, als habe er sich verbrannt. „Pfui, sie ist ja verkrüppelt.“

„Ich hab' noch nie gehört, daß das ansteckend ist", spottete einer seiner Kumpane.

„Ansteckend nicht, aber es bringt Unglück!"

„Quatsch. Unglück bringt es nur, wenn du daran glaubst."

„Was ist mit dem da auf dem Kamel? Der ist doch einen guten Preis wert!"

„Ich bin ein freigeborener Babylonier", stieß Sippar empört aus und wehrte sich gegen die Griffe, die ihn festhielten.

„Freigeboren? Dann besitzt du sicher Gold und Silber!" Und schon wühlten gierige Hände in seinen Kleidern und Taschen.

Auch Thomas wurde von seinem Esel gezerrt. Er schrie auf vor Schmerz, als der Räuber seine verletzte Brust berührte. Moorteufel verteidigte seinen Herrn nach Kräften und schnappte nach den Waden und Knöcheln des Fremden. Als er sich festbiß, schleuderte der Mann Thomas wütend in den Sand.

„Du Pestbeule! Das werde ich dir heimzahlen! Auge um Auge, Zahn um Zahn ..."

Moorteufel hing noch immer an seiner Ferse, während Thomas benommen auf dem Boden lag. Vor lauter Qualen hatte er Tränen in den Augen.

Michael hatte jedoch bemerkt, daß Thomas bei seinem Sturz die Fernbedienung verloren hatte. Eine abenteuerliche Idee schoß ihm durch den Kopf. Als er in einem riesigen Satz von seinem Esel sprang – er hatte seinem Widersacher solange standhalten können – erinnerte er sich flüchtig daran, daß die Fernbedienung zuvor nicht funktioniert hatte. Doch da krallten sich seine Hände schon um das kleine, schwarze Gerät und packten es wie einen Schatz. Einer der Räuber klammerte sich an seinen Rücken, aber Michael trat nach hinten aus, befreite sich, rollte auf die Seite und hielt die Fernbedienung empor. Matt fiel das Mondlicht auf das Tastenfeld, während Michael versuchte, sich die Zahlenkombination ins Gedächtnis zurückzurufen.

Als er die Tasten drückte, geschah nichts. Wütend auf sein Erinnerungsvermögen und zugleich verzweifelt darüber, weil er die Rettung praktisch in den Händen hielt, schüttelte er das Gerät und drückte wahllos eine Reihe weiterer Ziffern.

„Verdammt, es geht nicht ..."

Doch da erfüllte ein helles Flimmern die Luft.

Sippar schrie vor Überraschung auf, als sich die Umrisse der Zeitmaschine festigten. Auch die Räuber waren sekundenlang starr. Ungläubig blickten sie auf die Erscheinung.

„Ein Geisterlicht“, murmelte einer.

„Eine Barke vom Himmel“, flüsterte ein zweiter.

Heike reagierte rasch. Sie packte Sammuramat am Arm und zerrte sie auf die Einstiegsluke zu. „Los, schnell!“

Thomas kam mühsam auf die Füße, wischte sich den Sand aus dem Gesicht und stolperte zur Zeitmaschine. Michael sprang vor, hakte Sippar unter, zischte „Frag nicht, sondern komm mit!“ und zog den widerstrebenden Babylonier in Richtung Luke.

Inzwischen hatten sich die Räuber von ihrer Verblüffung erholt, und es kam wieder Leben in sie.

„He, die wollen abhauen!“

Der Anführer faßte hastig nach Sippars Schultern, doch mit einer schnellen Drehung konnte der Babylonier den Angreifer abschütteln. Mit einem gewaltigen Sprung rettete sich Sippar ins Innere der Maschine, wo sich bereits Heike, Thomas und Sammuramat befanden. Zwei Räuber fielen nun über Michael her, während ein dritter versuchte, in die Zeitmaschine einzudringen. Moorteufel verteidigte den Eingang heftig. Der Räuber zielte mit seinen scharfen Fingernägeln nach den Hundeaugen, aber Moorteufel schnappte sofort nach seinem Handgelenk, so daß der Mann rasch den Arm zurückzog.

Michael wälzte sich unterdessen mit den Räubern am Boden. Einer der beiden hatte es auf die Fernbedienung abgesehen. Der andere Peiniger drückte Michael die Luft ab. „Archie!“ ächzte der Junge in höchster Not.

Offenbar war sein Notruf zu den empfindlichen Sensoren des Bordcomputers vorgedrungen, denn im nächsten Moment flammte über der Einstiegsluke ein Scheinwerfer auf, und das Wüstenstück wurde grell erleuchtet.

„Sonne in der Nacht!“ schrie der Räuber, der Michael gewürgt hatte. Er ließ von ihm ab und bedeckte voller Furcht seine Augen. „Wie ist das möglich?“

Geistesgegenwärtig kam Michael auf die Beine und taumelte zur Maschine. Heike streckte den Arm aus und zog ihren Bruder herein. Im nächsten Moment glitt die Einstiegsluke zu.

Thomas stand am Armaturenbrett und drückte den Starthebel herunter. „Bring uns nach Babylon, Archie!"

„Sehr wohl", antwortete die Computerstimme aus dem Lautsprecher, während die Maschine leise zu dröhnen begann.

Sippar zuckte zusammen und sah sich suchend nach dem unsichtbaren Sprecher um. Da er keine Sprachpille genommen hatte, verstand er nicht, was Archie sagte, aber er begriff, daß sich Thomas mit einem verständigen Wesen unterhielt.

„Archie ist unser Computer", erklärte Heike.

„Computer?" Sippar hatte schon Schwierigkeiten, das Wort auszusprechen. Heike winkte ab. Jetzt war keine Zeit für lange Ausführungen. Ihre Aufmerksamkeit galt wieder Thomas, der mit Archie heftig diskutierte.

„Ich kann nicht garantieren, daß wir am richtigen Ort landen. Es gibt Interferenzen, die meine Orientierung durcheinderbringen", sagte Archie gerade.

„Interferenzen?" Thomas zog die Augenbrauen hoch.

„Fremde Schwingungen, die meine eigenen Schwingungen stören und mir die Peilung erschweren", antwortete Archie mit einer Spur Ungeduld in der Stimme. „Das war auch der Grund, warum ich euch vorhin so weit entfernt von Babylon abgesetzt hatte. Ich war überzeugt, es seien nur noch ein paar Schritte. Mein Irrtum tut mir sehr leid."

„Hoffentlich bringst du uns wenigstens jetzt nach Babylon", sagte Thomas.

„Ich werde mich wirklich anstrengen, doch wie schon erwähnt, irgendwo gibt es eine Störungsquelle, die ich nicht näher definieren kann", erwiderte der Computer diensteifrig. „Außerdem hat meine Routineüberprüfung ergeben, daß der Funkkontakt zwischen der Maschine und der Fernbedienung zeitweise gestört ist. Der Schaden müßte dringend behoben werden."

„Aber der Professor ist –", setzte Thomas an, doch Archie unterbrach ihn.

„Der Fehler ist nicht so schlimm, daß er nicht auch von dir beseitigt werden könnte", sagte der Computer. „Ich gebe dir gerne Reparaturanweisungen, sobald wir Babylon erreicht haben." Seine Stimme wurde einen Moment lang unsicher. „Vorausgesetzt, wir schaffen es."

„Na, dann mal volle Kraft voraus“, murmelte Thomas.

Sippar hielt sich ängstlich die Ohren zu und kniff die Augen zusammen, als das Dröhnen der Maschine lauter wurde.

Der Schläfer im Turm

„Nein, ich bin nicht zu sprechen“, tobte Nebukadnezar. „Für niemanden. Ausnahmen interessieren mich nicht. Kann man denn nicht einmal eine Minute seine Ruhe haben? Was ist überhaupt los? Sind alle Dämonen der Unterwelt ausgebrochen?“

Der Mann, der in der Tür stand, verbeugte sich unterwürfig. Der König hatte schlechte Laune, und der Moment, eine Nachricht zu überbringen, war denkbar ungünstig. Doch die Meldung war sehr wichtig und duldete keinen Aufschub.

„Ehrwürdiger Herrscher“, begann der Mann ein zweites Mal – auf die Gefahr hin, grob abgekanzelt zu werden. „Es ist außerordentlich dringend. Der Fall ist einmalig. In der ganzen Geschichte Babylons ist so etwas noch nicht vorgekommen.“

Er geriet ins Stottern, als sich die durchdringenden Augen des Königs auf ihn hefteten.

„Los, dann rede! Aber fasse dich kurz.“ Der König ließ sich seufzend auf einem Sessel nieder. Seine Finger trommelten gelangweilt auf die goldene Armlehne, während er seinen Kopf nach vorne neigte, um mit halbgeschlossenen Augen zuzuhören.

‚Wahrscheinlich ist er in seinen Gedanken wieder bei Regierungsgeschäften‘, schoß es dem Boten durch den Kopf. Laut sagte er: „Es ist wirklich etwas Außergewöhnliches passiert, Herr. In Marduks Heiligtum, im hohen Turm, ganz oben ... das goldene Bett, Herr ... eines Nachts ...“

„Sprich deutlich, wenn du nicht willst, daß ich dir die Zunge abschneiden lasse“, knurrte Nebukadnezar unwillig. Er konnte es nicht ausstehen, wenn man nicht gleich zur Sache kam.

„Es ist unglaublich“, japste der Mann nervös. „Jedenfalls – im Heiligtum des Marduk befindet sich doch auf der obersten Plattform dieses goldene Bett ...“

„Du erzählst mir nichts Neues“, sagte Nebukadnezar, und seine Stimme hatte bereits einen drohenden Unterton.

„Herr, nur eine Priesterin darf diesen geheiligten Raum betreten. Ihr wißt doch, gemäß dem Brauch wartet sie auf das Erscheinen des Gottes ... Nun – er ist da ...“

„Was?“ schrie Nebukadnezar und sprang so heftig auf, daß sein Sessel nach hinten umkippte und krachend auf die Fliesen fiel. „Willst du mir im Ernst erzählen, Marduk selbst sei ihr erschienen?“

„Jawohl“, stammelte der Bote. „Leibhaftig. Eines Nachts ist er plötzlich aufgetaucht. Die Priesterin behauptet, sie hätte neben dem leeren Bett gestanden, und im nächsten Moment lag ein Mann darin. Er trägt merkwürdige Kleider. Und er schläft ...“

Nebukadnezar runzelte skeptisch die Stirn. „Vielleicht ist es nur ein übler Trick, ein Betrug! Oder ein Verrückter, der sich als Gott ausgibt!“

„Verzeiht“, sagte der Bote und senkte ehrfürchtig den Kopf. „Diese Gedanken kamen uns ebenfalls. Aber Herr, es geht nicht mit rechten Dingen zu. Der Schläfer liegt bereits seit vierzehn Tagen in dem goldenen Bett. Er nimmt keinerlei Nahrung zu sich, trotzdem hebt und senkt sich seine Brust, und seine Haut ist so warm, als könnte er jeden Augenblick erwachen und umhergehen ... Niemandem gelingt es, den Schläfer zu wecken ...“

„Seit vierzehn Tagen schon?“ donnerte Nebukadnezar und schlug mit der Faust auf ein Holztischchen, so daß ein Becher mit Wein überschwappte. Die Flüssigkeit bildete eine rote Lache auf dem Boden. „Warum erfahre ich erst heute davon?“

„Wir wollten Euch nicht belästigen, edler Herrscher, ausgerechnet jetzt – nach dem Siegeszug gegen Jerusalem ...“

„Habt ihr die Sache wenigstens gegenüber dem Volk geheimgehalten?“ fragte Nebukadnezar mit zornig zusammengezogenen Augenbrauen.

„Natürlich, selbstverständlich ... Das Volk ist unruhig, o Herr. Viele Leute finden, daß Ihr zu milde mit Zedekia, dem König der Juden, umgegangen seid. Ihr habt ihm nur die Augen ausstechen lassen, anstatt ihn zu töten.“

„Was ich tue, das ist ganz allein meine Angelegenheit“, brauste Nebukadnezar auf.

„Niemand zweifelt an der Richtigkeit Eurer Handlungen", lenkte der Bote sogleich demütig ein. „Obwohl ... Ihr solltet vorsichtig sein. Die Sterne stehen schlecht ... Möglicherweise droht Babylon großes Unheil. Die Priester haben errechnet, daß bald eine Mondfinsternis stattfindet."

„Was redest du da?" Nebukadnezar erbleichte. Eine Mondfinsternis war ein ausgesprochen schlechtes Vorzeichen. „Stimmt das?"

Der Bote nickte und bemühte sich, das Zittern seiner Knie zu verbergen. Er mußte daran denken, daß schon oft die Überbringer von schlechten Nachrichten umgebracht worden waren, und er flehte den großen Marduk insgeheim um Schutz an.

Nebukadnezar faßte sich wieder. Er rieb sich grübelnd den Bart. „Und du meinst, daß das Auftauchen des ... des seltsamen Schläfers in Zusammenhang mit der Mondfinsternis stehen könnte?"

Der Bote hob die Schultern. „Es ist uns allen ein großes Rätsel, o Herr."

„Hm ... Ich werde mir den eigenartigen Schläfer wohl einmal persönlich ansehen." Nebukadnezar schritt im Raum auf und ab. Er blieb am Fenster stehen und schaute hinaus auf die Stadt. Von diesem Zimmer aus konnte er den Zikkurat sehen, den Turm von Babel, der sich über Babylon erhob. Neunzig Meter hoch ragte der Zikurrat in den Himmel, sieben Terrassen übereinander, die nach oben kleiner wurden. Nebukadnezars Blick blieb an der obersten Etage hängen. Ihr blauer Farbton vermischte sich mit dem Blau des Himmels. Nebukadnezar atmete tief durch. Wenn es stimmte und Marduk tatsächlich von den Wolken herabgestiegen war! Gab es einen besseren Ort als diesen Turm? Schließlich war er gebaut worden, um eine Verbindung zu schaffen zwischen Himmel und Erde, zwischen Göttern und Menschen ...

Der Bote räusperte sich. Nebukadnezar wurde aus seinen Gedanken gerissen und fuhr herum.

„Gibt es noch etwas?"

„Da wäre noch ein Punkt, o Herr, eine weitere Besonderheit ...", berichtete der Bote. „Ich weiß nicht, ob es wichtig ist. Auf alle Fälle ist es sehr seltsam. Der Schläfer hatte eine Schnur um seinen Hals. Daran hing ein kleines Gefäß. Die Priester öffneten es sehr vorsichtig, weil sie glaubten, es enthalte vielleicht eine wichtige Botschaft." Der Mann stockte.

„Und?" hakte Nebukadnezar nach.

„Wir fanden lauter kleine, grüne Kügelchen. Sie muteten sehr merkwürdig an. Der Oberpriester verspeiste eines davon. Es geschah ein Wunder. Plötzlich konnte er eine fremde Sprache sowohl verstehen als auch selbst sprechen." Der Bote schluckte.

Nebukadnezar starrte ihn an. „Eine Götterspeise? Ich muß diese Zauberkügelchen sehen! Auf der Stelle!"

Er griff nach seinem goldverzierten Umhang, der über einer Stuhllehne hing, warf ihn um und schickte sich an, den Raum zu verlassen. An der Tür stieß er mit einem Mann zusammen, der einige Rollen unter dem Arm trug.

„Verzeiht vielmals, aber ich wollte Euch die Baupläne zeigen. Ich habe die Brücke jetzt ganz nach Euren Wünschen gezeichnet. Und auch der neue Tempel ..."

Nebukadnezar winkte ab. „Später. Ich habe jetzt keine Zeit. Laß die Pläne da, wir reden morgen drüber."

Er verschwand um die Ecke, sein roter Mantel wehte wie eine Fahne hinter ihm her. Der Bote hatte Mühe, dem König zu folgen.

„Seit fünfzehn Nächten liegt er hier", sagte die Priesterin und schlug behutsam die bestickte Decke zurück. „Während dieser Zeit hat er sich kein einziges Mal zur Seite gedreht oder auch nur mit den Augenlidern gezuckt."

Nebukadnezar trat an das goldene Bett und betrachtete den Schläfer. Es war ein älterer Mann mit weißem Haar. Sein Gesicht war wächsern bleich und besaß den typischen Ausdruck eines Schlafenden. Nebukadnezars Blick wanderte tiefer. Der Fremde trug seltsame Beinkleider, die bis zu den Knöcheln reichten. Sowohl Hemd als auch Hose hatten hellblaue und weiße Längsstreifen. Die Farben waren blaß und unscheinbar, außerdem wiesen die Kleider keinerlei goldene Verzierungen oder Stickereien auf.

‚Ein sehr bescheidener Aufzug für einen Gott', schoß es Nebukadnezar durch den Kopf. Trotz seiner Einfachheit strahlte der Schläfer eine eigenartige Würde aus. Nebukadnezar streckte seine Hand aus, um den Fremden anzufassen. Kein Zucken, keine Regung verriet, daß der Schläfer die Berührung wahrgenommen hatte. Seine Haut war warm – ein Zeichen, daß der Mann lebte.

„Was meint Ihr?“ fragte die Priesterin, und die Armreifen an ihrem Handgelenk klirrten leise, als sie den Schläfer wieder zudeckte. „Ist es der Gott, auf den wir so lange gewartet haben? Ist es Marduk?“

Nebukadnezar zögerte mit seiner Antwort. „Vielleicht nicht der Gott selbst, eher ein Götterbote. Doch warum wacht er nicht auf? Warum verschweigt er die Botschaft, die er für uns hat?“

Jetzt mischte sich ein glatzköpfiger Priester ein, der sich bisher im Hintergrund gehalten hatte.

„Möglicherweise ist das Schweigen seine Botschaft, o Herr.“

Nebukadnezar runzelte die Stirn. „Drücke dich bitte etwas klarer aus. Ich liebe weder Rätsel noch Weitschweifigkeiten.“

Der Priester fuchtelte mit seinen kleinen weißen Händen. „Sein Schweigen könnte bedeuten, daß die Götter stumm sind, was Babylon betrifft. Vielleicht sind sie deswegen stumm, weil wir ihnen nicht genügend Opfer gebracht haben. Oder ihr Schweigen ist die Ruhe vor dem Sturm, und sie werden Babylon vernichten ... Ihr wißt doch, daß wir bald eine Mondfinsternis haben.“

Die Worte des Priesters trafen Nebukadnezar. Stand es um Babylon wirklich so schlimm, daß die Götter es für nötig hielten, den Menschen eine Warnung in Form des seltsamen Schläfers zu schicken?

Bisher hatte es ganz gut für Babylon ausgesehen. Nebukadnezar hatte insgeheim immer gehofft, ein Günstling der Götter zu sein. Vor einigen Jahren hatte er am Euphrat erfolgreich eine ägyptische Armee vernichtet, die nach Mesopotamien eingefallen war. Jetzt hatte er zum zweiten Mal Jerusalem erobert. Er war ein mächtiger König, und sein Einfluß wurde immer größer. Drohte nun Babylon der Untergang?

Nabukadnezar betrachtete wieder den Schläfer. Ein unscheinbarer alter Mann, der zweifellos ein großes Geheimnis in sich trug ...

Es mußte gelingen, den Schläfer zu wecken! Wozu gab es in

Babylon so viele Magier und Sterndeuter? Sie sollten ihre Kunst zeigen!

„Macht den Schläfer wach“, befahl Nebukadnezar knapp.

Der glatzköpfige Priester riß so erstaunt die Augen auf, als habe der König ihm soeben aufgetragen, den Euphrat auszutrinken.

„Herr, es ist unmöglich. Wir haben schon alles versucht ...“

„Dann versucht es weiter“, entgegnete Nebukadnezar. „Derjenige, dem es gelingt, wird fürstlich belohnt werden. – Informiert mich, sobald es etwas Neues gibt.“

Damit verließ er den Raum. Die Priesterin begleitete ihn bis auf die Terrasse hinaus.

„Es ist mir wirklich ein Rätsel“, murmelte sie. „Natürlich habe ich jede Nacht darum gebetet, und das goldene Bett war immer bereit, aber ich hätte nie gedacht, daß die Götter etwas anderes schicken als Träume. Glaubt mir, ich habe meine Aufgaben stets getreulich erfüllt und mir nichts zuschulden kommen lassen.“

„Es wird sich herausstellen, ob dich ein Vorwurf trifft oder nicht“, entgegnete Nebukadnezar. „Danke, du brauchst nicht mitzugehen, ich finde den Weg allein hinunter.“

„Die vielen Treppen sind für einen Ungeübten verwirrend“, warnte die Priesterin. „Man kann sich leicht verlaufen.“

„Das Labyrinth wurde auf meine Anweisungen hin geschaffen“, antwortete der König amüsiert.

Die Priesterin errötete und biß sich auf die Lippen. Sie war sehr jung und noch nicht allzulange Dienerin im Turm. Betreten blickte sie Nebukadnezar nach. Sein roter Mantel leuchtete, als er die Treppen hinabeilte.

Auf der nächsten Terrasse blieb Nebukadnezar stehen, unwillkürlich angezogen vom Anblick der Stadt, die sich unter ihm erstreckte. Stolz erfüllte ihn, wie er Babylon da liegen sah. Hatte er es nicht zur schönsten Stadt unter der Sonne gemacht? Die herrlichen Bauwerke hatten in der Welt nicht ihresgleichen. Das wundervolle Ischtartor, das der Göttin der Liebe und des Krieges geweiht war ... Die blauglasierten Ziegel mit den prächtigen Darstellungen von Stier, Löwe und Schlangengreif – hatte man schon je so etwas gesehen? Und von den Hängenden Gärten, die Nebukadnezar für seine Gattin hatte errichten lassen, sprach man sogar in fernen Ländern. Babylon war eine einzigartige, siegreiche Stadt.

Sie würde niemals untergehen, niemals! Jedenfalls nicht, solange er, Nebukadnezar, König von Babylonien war! Kein Magier, kein Sternenrat oder Priester sollte ihn in diesem Glauben erschüttern.

Mit festen Schritten stieg Nebukadnezar die Stufen hinab und verdrängte den geheimnisvollen Schläfer aus seinen Gedanken.

„Landung geglückt“, meldete Archie, nachdem die Zeitmaschine ein wenig unsanft auf dem Boden aufgesetzt hatte.

Michael stieß die Luft aus. „Ich hab’ gedacht, wir packen es nicht. Eine halbe Stunde für das kurze Stück! Wir sind ganz schön im Zeitstrom versumpft ...“

„Ich korrigiere“, sagte der Computer. „Wir sind nicht versumpft, sondern lediglich etwas herumgeirrt. Schuld daran sind diese rätselhaften Interferenzen, auf die ich mir absolut keinen Reim machen kann.“

Auf dem Bildschirm erschienen sekundenlang komplizierte Berechnungen, die dann durch eine Reihe von flimmernden Fragezeichen abgelöst wurden.

Sammuramat strich sich nervös das Haar zurück. All die Technik flößte ihr mehr Angst ein, als sie vor sich selbst zugeben wollte. Sippar dagegen hockte schicksalsergeben auf einem der Sessel.

„Wenn ich jemandem erzähle, daß ich mit einem riesigen Ei nach Babylon geflogen bin, dann hält er mich für verrückt!“ Seine Stimme überschlug sich vor Aufregung.

„Und deswegen wirst du auch nichts sagen“, fauchte Sammuramat ihn an. „Dieses ganze Unternehmen bleibt geheim. Ich will nicht, daß meine Freunde in Schwierigkeiten geraten, verstehst du?“

Heike warf Thomas einen Seitenblick zu. Sein Gesicht wirkte mit einem Mal viel entspannter, und seine Züge waren nicht mehr schmerzverzerrt.

„Geht’s dir besser?“ fragte sie.

„Es geht mir sehr gut“, antwortete Thomas und griff verwundert an seine Brust. „Der Schmerz ist plötzlich ganz weg ...“

„ZHW“, erklärte Archie selbstzufrieden. „Unser kleiner Schlenker im Zeitstrom hat das Programm ‚Zeit heilt Wunden‘ aktiviert, und alle Verletzungen, sofern heilbar, verschwinden.“

Sammuramat tastete nach ihrer Kopfverletzung. Sie war nicht mehr vorhanden. Als Sammuramat begriff, was geschehen war, sagte sie ehrfürchtig: „Eure Maschine kann mehr als die Magier von Babylon.“

„He, da fällt mir was ein“, Michaels Augen blitzten. „Vielleicht ist die Fernbedienung jetzt auch in Ordnung, und wir brauchen gar nicht mehr –“

Aber da wurde er schon von Archie unterbrochen. „Nein“, erklärte der Computer. „Die Fernbedienung ist sozusagen ein Teil der Zeitmaschine und wird vom Programm nicht erfaßt.“

„Schade“, sagte Michael und betrachtete bedauernd den schwarzen Kasten in seiner Hand. „So ein automatisches Reparaturprogramm wäre sehr praktisch.“

„Da könnte Professor Ambrosius aber gar nicht mehr herumpusseln, und darüber wäre er bestimmt überhaupt nicht glücklich.“ Thomas grinste, doch gleich darauf wurde er ernst. Solange sie nichts über das Schicksal des Professors wußten, war es geschmacklos, solche Scherze über ihn zu reißen.

Heike hatte inzwischen aus einem der kleinen Fenster der Zeitmaschine geblickt. Viel war nicht zu sehen. Direkt vor ihnen erbob sich eine hohe Lehmziegelmauer. Auf der anderen Seite sah es ähnlich aus, nur, daß die Mauer noch nicht fertig war. Eine waagrechte Schnur spannte sich an der Oberkante – offenbar ein Hilfsmittel für die Maurer.

„Archie“, fragte Heike mit Nachdruck, „sind wir wirklich in Babylon?“

„Selbstverständlich“, antwortete Archie. „Ich habe mir für die Landung extra einen menschenleeren Platz ausgesucht. Wir sind auf einer der vierhundertsiebendunddreißig Baustellen.“

Die Einstiegsluke glitt auf. Sippar war als erster draußen und schaute sich verwundert um. „Tatsächlich“, murmelte er. „Keine Wüste mehr. Keine Räuber, keine Pferde ... Wir sind wahrhaftig in der Stadt.“ Ungläubig betastete er die Mauer, so als müsse er sich mit den Händen überzeugen, daß die Wand nicht nur ein Trugbild oder ein Hirngespinst war.

Sammuramat kletterte ebenfalls aus der Zeitmaschine. Heike bemerkte, wie sich das Mädchen auf die Lippen biß.

„Ein Wunder“, murmelte Sammuramat. Sie blickte Heike traurig an. „Aber was ist mit Enkidu? Ist er bei den Räubern geblieben?“

Heike nickte zögernd. „Es ging nicht anders.“ Sie verstand, daß der Verlust des Pferdes für Sammuramat sehr schmerzlich sein mußte.

Sammuramats Stimme zitterte leicht, als sie sagte: „Ich hoffe wenigstens, daß sie Enkidu gut behandeln.“ Dann sprang sie auf einen Mauerabsatz, faßte mit den Händen nach der oberen Kante, wobei die Finger ihres verkrüppelten Arms genauso kräftig zugriffen wie die anderen, und zog sich hoch. „Ich will sehen, wo wir sind.“

Michael folgte ihr. Ein wenig schwerfällig erklomm er die Mauer und beschirmte die Augen. Dann pfiff er durch die Zähne.

„Liebe Güte, das ist ja ’ne richtige Großstadt! Dort vorne ist wohl der berühmte Turm von Babel.“

In der Ferne erhob sich der Zikkurat mit seiner leuchtend blauen Spitze.

„Warum berühmt?“ fragte Sammuramat verwundert.

Michael antwortete ausweichend: „Ach, bei uns erzählt man sich so eine Geschichte über den Turm. Die Leute wollten ihn ganz hoch bauen, aber dann hat einer den anderen nicht mehr verstanden, weil jeder plötzlich eine andere Sprache gesprochen hat ...“

Sammuramat sah Michael voller Befremden an. Michael zuckte mit den Schultern. Das Mädchen wies nach Osten.

„Da drüben steht mein Elternhaus. Ich schlage vor, wir gehen zuerst dorthin, um uns zu erfrischen und umzukleiden. Danach werde ich versuchen, den König zu sprechen.“

Die beiden kletterten wieder von der Mauer herab.

Thomas und Heike waren noch immer in der Zeitmaschine. Der Junge hatte mit einem winzigen Schraubenzieher die Fernbedienung geöffnet und starrte nun etwas ratlos auf die Platinen und Lötstellen. Sippar beugte sich neugierig über Heikes Schulter, sagte kein Wort, sondern beschränkte sich darauf, ungläubig den Kopf zu schütteln.

„Hoffentlich krieg' ich's hin", knurrte Thomas und prüfte behutsam einen Kontakt, wie Archie es ihm aufgetragen hatte.

„Wie lange braucht ihr, um das Ding zu reparieren?" fragte Michael.

„Das wissen die Götter", erwiderte Thomas. „Ich heiße ja nicht Professor Ambrosius." Er kniff ein Auge zusammen und drehte die Platine kritisch in der Hand.

„Der achtzehnte Kontakt von oben", gab Archie Anweisung. „Die Lötstelle ist kalt. Im Werkzeugkasten befindet sich ein Lötkolben für Feinarbeiten. Erhitze ihn, nimm Lötzinn –"

„Stop, stop", bremste Thomas Archie. „Ganz blöd bin ich nicht. Ich löte nicht zum ersten Mal, weißt du."

„Hoffentlich auch nicht zum letzten Mal", kam es ein wenig schnippisch aus dem Lautsprecher.

Thomas seufzte und öffnete den Werkzeugkasten. Während er den Lötkolben herausnahm und das Kabel in eine Buchse am Armaturenbrett einstöpselte, warnte Archie:

„Aber paß auf! Du darfst unter keinen Umständen mit dem heißen Lötkolben an den Kontakt kommen, der mit dem Buchstaben X gekennzeichnet ist. Sonst –" Er stockte.

„Sonst was?" fragte Michael alarmiert.

„Sonst zerstörst du den Zeitknoten, der Gegenwart und Vergangenheit zusammenhält", erwiderte Archie. „Eine Rückkehr ins Zwanzigste Jahrhundert ist dann nicht mehr möglich, und wir werden gezwungen sein, die Abenteuer, die wir jetzt erleben, endlos zu wiederholen ..."

Michaels Mund wurde trocken. Thomas' Hand mit dem Lötkolben fing an zu zittern, so daß Heike ihn anfauchte: „Bau' bloß keinen Mist!"

„Ich erinnere: Es war der achtzehnte Kontakt von oben", säuselte Archie.

„Dieser Computer macht mich noch wahnsinnig", schnaubte Thomas.

Der Lötkolben war nun heiß genug. Heike hielt die Rolle mit dem Lötzinn bereit. Ein schmaler Rauchfaden stieg auf, als die Kolbenspitze den Zinn berührte, einen silbrigen Tropfen aufnahm und hinab an die Platine führte. Heike wagte nicht zu atmen, aber Thomas hantierte jetzt sicher.

„Kontakt hergestellt", meldete Archie kurz darauf.

Michael stieß die Luft aus. „So, nun mußt du das Ding nur noch richtig zusammenschrauben."

Thomas reichte den Lötkolben an Michael weiter. Dieser streckte ihn weit von sich, aus Angst, sich an dem heißen Eisen zu verbrennen.

„Reparatur gelungen", verkündete der Computer fünf Minuten später.

„Genaugenommen war's ja nur eine Kleinigkeit", sagte Thomas bescheiden.

„Tja, wir hatten zum Glück den Werkzeugkasten zur Verfügung", erwiderte Heike. „Was aber, wenn die Zeitmaschine in der fünften Dimension geblieben wäre?"

Die Kinder sahen sich betreten an.

„Ich finde es einfach zu riskant, daß wir nur eine einzige Fernbedienung haben", sagte Michael dann. „Das hat uns schon so oft in Schwierigkeiten gebracht. Onkel Ambrosius soll endlich für jeden von uns eine Fernbedienung bauen."

„Falls er das noch kann", murmelte Heike.

Einen Moment lang schwiegen sie betroffen. Schließlich sagte Thomas: „Wir werden es herausfinden. Deswegen sind wir ja hier."

Sie verließen die Kabine. Thomas gab konzentriert die Ziffernkombination ein, und die Zeitmaschine löste sich flimmernd in Nichts auf. Sippar rieb sich ungläubig die Augen.

„Seid ihr Hexer?" fragte er. „Wie ist das möglich?"

„Wir haben jetzt keine Zeit für Erklärungen", schnitt Sammuramat ihm das Wort ab, während Thomas die Fernbedienung einsteckte.

Sie verließen die Baustelle durch einen schmalen Torbogen. Die Kinder sahen sich vorsichtig um, ob wirklich niemand in der Nähe war, denn ihr plötzliches Auftauchen hätte bestimmt Aufsehen erregt. Doch es war kein Mensch zu sehen.

„Die Arbeiter werden sicher gerade woanders gebraucht", meinte Sammuramat.

Sie kletterten durch eine Baugrube. Auf der anderen Seite waren Ziegel aufgestapelt. Heike nahm einen Stein zur Hand und betrachtete ihn verwundert.

„Da ist eine Schrift eingeritzt. Was heißt das, Sammuramat?“

Sammuramat buchstabierte: „Ich bin Nebukadnezar, der König von Babylon, demütig und ehrfürchtig vor den Göttern, Erhalter der Tempel von Esagila und Ezida, Sohn des Nabopolassar.“

„Mann“, staunte Michael, „hat der das wirklich überall draufschreiben lassen? Das ist doch Größenwahn. Um sich zu verewigen, hätte er doch nicht gleich eine Million Mal –“ Er brach ab, weil Heike ihn in die Rippen boxte. Sie blitzte ihn wütend an.

Sammuramat legte den Ziegel zurück und wischte sich ihre staubig gewordenen Hände an ihrem Kleid ab.

„Los, kommt mit“, befahl sie knapp. Sie führte die anderen durch die Gassen Babylons. Die Zeitreisenden hätten sich in dem Gewirr der ähnlich aussehenden Straßen hoffnungslos verlaufen. Einmal kamen sie zum Fluß. Am Ufer spielten zwei halbnackte Jungen mit dem schmutzigbrauen Wasser, und auf dem Euphrat glitt gerade ein kreisrundes Boot vorbei. Es sah sehr seltsam aus. Drei Männer trieben es mit langen Stangen vorwärts. In der Mitte drängten sich einige Ziegen zusammen, denen die Bootsfahrt offenbar wenig behagte.

Heike hätte dem Boot gerne noch länger nachgesehen, aber Sammuramat schlug den Weg nach rechts ein, und sie entfernten sich vom Flußufer. Die meisten Leute, denen sie begegneten, schenkten ihnen wenig Aufmerksamkeit. Einmal blieb jedoch ein glatzköpfiger Babylonier stehen und schaute voller Befremden auf Heikes Hosen. Als er endlich weiterging, drehte er sich noch ein paarmal um und prallte um ein Haar mit zwei dicken Frauen zusammen.

„Das war ein Marduk-Priester“, bemerkte Sammuramat. „Ich habe ihn einmal bei einer Neujahrsfeier gesehen.“

„Er hat offenbar an deinen Jeans Anstoß genommen“, murmelte Michael.

Heike zuckte mit den Achseln.

„Zuhause werde ich dir unauffälligere Kleidung geben“, versprach Sammuramat. „Und ich werde dich auch zu einem Seher führen, damit er die Sterne befragt, wo ihr die Suche nach eurem Verwandten fortsetzen sollt.“

Sammuramats Tonfall klang sehr überzeugt, doch Heike

konnte ihre Zuversicht in die Kunst der Sterndeuter nicht teilen. Aber welche Möglichkeiten blieben ihnen sonst?

‚Wenn wir nur einen Anhaltspunkt hätten, wo Onkel Ambrosius steckt', dachte Heike inbrünstig, während ihr Blick hoch zu dem Turm von Babel glitt. Wie ein mächtiges Wahrzeichen erhob sich das Heiligtum über die Stadt. Die blauglasierten Ziegel glänzten in der Sonne, so daß Heike unwillkürlich den Atem anhielt. Es war ein großartiges Bauwerk.

Nach einer weiteren Viertelstunde gelangten Sammuramat und ihre Begleiter zu einem vornehmen Lehmziegelhaus. Das Mädchen klopfte an die hölzerne Tür. Ein alter Diener öffnete, und als er das Mädchen erkannte, sagte er erstaunt:

„Du? Ist denn dein Vater Nebusaradan schon zurück? Ich habe gar nicht gehört, daß der Zug mit den jüdischen Gefangenen schon in Babylon eingetroffen ist."

„Ich bin vorausgeritten", sagte Sammuramat schnell, ohne sich auf weitere Erklärungen einzulassen. „Ist meine Mutter da?"

„Sie ist gerade vom Markt zurückgekommen", erwiderte der Diener. Seine Augen funkelten voller Neugier. „Wer sind deine Gefährten?"

„Freunde", antwortete Sammuramat ausweichend. Sie ging an dem Diener vorbei in den Flur, und die anderen folgten ihr. Sie kamen in einen gepflasterten Innenhof, von dem aus Türen zu verschiedenen Räumen führten. Moorteufel schnupperte überall herum. Über eine Treppe gelangte man zu einem hölzernen Balkon. Eine verschleierte Frau beugte sich gerade über das Geländer und schaute zu den Besuchern hinunter.

„Sammuramat!" Der Ausruf klang halb überrascht, halb vorwurfsvoll. Die Frau schob ihren Schleier zurück. „Seit wann bist du wieder in Babylon? Wo ist Nebusaradan?"

„Mutter!" Sammuramat starrte hinauf und wurde ein wenig rot. „Ich bin allein gekommen. Das heißt, nicht allein, sondern mit meinen Gefährten." Sie machte eine Handbewegung.

Die Frau runzelte die Stirn, dann stieg sie die Treppe herunter, um die Gäste zu begrüßen. Ihr Haar war bereits ergraut, aber sie war noch immer außergewöhnlich schön.

Sammuramat kam gleich zur Sache. „Mutter, der König ist in großer Gefahr. Ich hatte unterwegs einen Traum, der Unheil ankündigte. Vater hat einen Boten nach Babylon losgeschickt, doch es war ein falscher Kurier, und die Botschaft kam nie an. Es gibt eine Verschwörung gegen Nebukadnezar! Man wollte mich sogar umbringen! Deswegen bin ich selbst losgeritten, um Nebukadnezar persönlich zu warnen. Wir haben den Weg durch die Wüste genommen, aber dann ..." Sie stockte, offenbar unsicher, wieviel sie von den Räubern und der Zeitmaschine erzählen sollte.

Ihre Mutter war abwechselnd blaß und rot geworden. „Kind, was redest du da?" fragte sie erschrocken. „Man wollte dich töten?"

„Ja, einer der Verschwörer schlug mir mit einer Keule auf den Kopf." Sammuramats Hände fuhren hoch zu der Stelle, wo die Wunde gewesen war. Doch da war nur glatte Haut. Sammuramat stutzte und merkte, daß sie sich vor ihrer Mutter in Widersprüche verwickelte. Verwirrt stammelte sie: „Es ist inzwischen wieder geheilt, aber trotzdem ..."

Die Mutter schob Sammuramats Hände beiseite, untersuchte die Haut und schüttelte den Kopf. „Ich sehe nichts, keinen Schorf, nicht die geringste Narbe ..."

„Es war aber so, wie ich sagte", beharrte Sammuramat. „Jetzt will ich mich schnell umziehen und dann versuchen, Nebukadnezar zu sprechen. Mutter, er ist wirklich in großer Gefahr!"

Sie wollte schon losrennen, aber ihre Mutter faßte sie am Arm und hielt sie zurück.

„Warte, wir haben noch ein Wörtchen miteinander zu bereden." Sie lächelte die Zeitreisenden und Sippar an. „Ihr könnt inzwischen auf der Dachterrasse Platz nehmen. Ich werde einen Diener mit ein paar Erfrischungen hinaufschicken."

„Dort hoch?" fragte Heike zögernd und wies zu der Treppe. Sammuramats Mutter nickte, ihr Lächeln wirkte etwas steif und gezwungen.

„Schätzungsweise sind wir nicht besonders erwünscht", murmelte Michael zerknirscht, als sie die Stufen zur Terrasse hinaufstiegen. Moorteufel sprang voraus.

„Tja, sieht so aus, als hätten wir einen Familienkrach ausgelöst", meinte Thomas, denn unten hörte man nun heftig streitende Stimmen.

Michael trat absichtlich an den Rand der Terrasse. Er machte ein harmloses Gesicht, damit nicht der Eindruck entstand, er lausche.

„Was bildest du dir eigentlich ein?“ keifte Sammuramats Mutter. „Ich verstehe nicht, daß dein Vater deine Eitelkeit noch unterstützt! Dieses Gerede von dem Zweiten Gesicht! Du machst unsere Familie noch lächerlich!“

„Aber ich habe es wirklich geträumt“, beharrte Sammuramat. „Und viele meine Vorhersagen sind eingetroffen, selbst wenn du dich jetzt nicht mehr daran erinnerst.“ Es klang zornig. „Warum habt ihr mich nicht als Seherin ausbilden lassen? Dann wärt ihr stolz auf mich, und ich bräuchte mich nicht wegen meiner Visionen zu schämen!“

„Eine Seherin“, sagte die Mutter leise und eindringlich, „hat keinen körperlichen Makel. Was glaubst du, wie oft dein Vater und ich über dieses Thema geredet haben! Ich habe immer wieder gesagt, er solle dir keine Flausen in den Kopf setzen und dich nicht so maßlos verwöhnen. Was nützt es, dich freier zu erziehen als andere Mädchen? Später wirst du nur um so unglücklicher ...“

Sammuramats Antwort verstand Michael nicht mehr, statt dessen knallte unten so laut eine Tür, daß er zusammenzuckte. „Meine Güte, ob diese Lehmziegelhäuser stabil genug sind?“

Er kehrte zu den anderen zurück. Von der Dachterrasse aus konnte man in einen Garten blicken. Eine Dattelpalme erhob sich inmitten blühender Sträucher. Es war ein einladendes Fleckchen Erde.

„Dort unten ist es bestimmt nicht so heiß wie hier oben“, meinte Thomas und schlug nach einer Fliege.

„Vielleicht gehört der Garten zu einem anderen Haus“, vermutete Heike. Auf der Dachterrasse stand in einem Blumenkübel ein mannshoher Strauch, der jedoch so kümmerlich wuchs, daß er kaum Schatten spendete. Moorteufel suchte sich gleich den besten Platz aus. Heike blickte noch immer sehnsüchtig in den Garten hinunter. Plötzlich sah sie, wie eine verschleierte Gestalt aus einem Fenster kletterte, durch den Garten lief und sich an der gegenüberliegenden Mauer hochzog. Heike stieß die Luft aus.

„Mensch, das ist doch –“

„Sammuramat“, ergänzte Thomas.

„Sie haut ab“, stellte Michael fest. „Sie läßt uns einfach im Stich. Was nun?“

Die Kinder sahen sich ratlos an. Selbst Sippar zuckte mit den Achseln.

„He, Sammuramat!“ brüllte Michael. „Wohin gehst du?“

Das Mädchen reagierte nicht. Die Entfernung war bereits zu groß.

„Sollen wir ihr nachlaufen?“ fragte Heike.

„Bis wir runterkommen, ist sie längst fort“, entgegnete Thomas. „Und in Babylon kennen wir uns nicht aus. Wir würden uns hoffnungslos verirren.“

Sippar legte den Finger an die Nase und meinte: „Sie versucht bestimmt auf eigene Faust, den König zu warnen. Das ist ganz typisch für Sammuramat. Ich kenne sie schon länger, und was sie sich in den Kopf gesetzt hat, das führt sie auch durch.“

„Dann wär's ja das Beste, wenn wir hier warten“, murmelte Michael. „Vorausgesetzt, ihre Alte wirft uns nicht in hohem Bogen raus.“

Doch sie hatten Sammuramats Mutter falsch eingeschätzt. Wenig später brachte der Diener Getränke und Fladengebäck, das er höflich auf einem kleinen Tischchen abstellte. Sogar an Wasser für den Hund hatte er gedacht. Kurz darauf gesellte sich Sammuramats Mutter hinzu, um sich mit den Gästen zu unterhalten. Michael meinte zwar hinterher, sie sei nur gekommen, um sie auszuhorchen, aber immerhin konnten sich die Zeitreisenden nicht über mangelnde Gastfreundschaft beklagen.

Sippar erzählte ausführlich von der Eroberung Jerusalems. Die Frau schien erleichtert, als sie hörte, daß Nebusaradan keine ernsthaften Verletzungen erlitten hatte.

„Er ist immer so waghalsig. Ich fürchte, Sammuramat hat diesen Charakterzug von ihm geerbt.“ Sie spielte mit ihrem goldenen Armreif. „Ich glaube, ein Löwe läßt sich eher zähmen als meine Tochter. – Aber was führt euch nach Babylon? Ihr seid fremd hier, nicht wahr?“

Die letzten Sätze galten den Zeitreisenden.

„Wir kommen von weither“, begann Heike vorsichtig. „Und wir sind auf der Suche nach einem Mann.“

„Nach einem Mann." Sammuramats Mutter nickte verständnisvoll. „Ja, wahrhaftig, du bist alt genug. Es ist höchste Zeit, daß du dich umsiehst."

Erst als Michael neben ihr zu glucksen anfing, begriff Heike, wie die Frau ihre Antwort ausgelegt hatte. Heike wurde glühend rot.

„Nein, Ihr versteht mich falsch", haspelte sie. „Michael und ich, wir suchen einen Verwandten von uns, genauer gesagt unseren Großonkel. Er hält sich möglicherweise in Babylon auf, aber wir wissen nicht, wo."

„Sammuramat meinte, daß wir vielleicht die Hilfe von Sterndeutern in Anspruch nehmen könnten", fügte Thomas hinzu.

Die Frau seufzte und hob die Augen zum Himmel. „Sammuramat beschäftigt sich viel zu viel mit diesen Sachen. Ich würde es lieber sehen, sie würde sich anderen Dingen widmen, etwa der Anlage eines Gartens oder der Kochkunst. Vielleicht würde es sich beruhigend auf ihr ungestümes Wesen auswirken."

Heike griff das Thema wieder auf. „So haltet Ihr es für aussichtslos, einen Sterndeuter um Rat zu fragen?"

Sammuramats Mutter wiegte den Kopf. „Nun, in wichtigen Angelegenheiten ... Ich verstehe es durchaus, daß sich manche Leute Horoskope stellen lassen, um festzustellen, ob sie in einer glücklichen Stunde zur Welt gekommen sind ... Ich gestehe, ich habe selbst einmal einen Sterndeuter befragt, als ich Sammuramat erwartete. Er prophezeite mir für meine Tochter eine große Zukunft. Natürlich waren Nebusaradan und ich über die günstigen Aussichten sehr erfreut. Und dann ..." Sie stockte, und es fiel ihr sichtlich schwer, weiterzureden, „als Sammuramat geboren wurde ... wir konnten es einfach nicht fassen ..." Sie wandte ihr Gesicht ab.

Die Kinder sahen sich betreten an. Eine peinliche Pause war entstanden, und das Gespräch wollte nicht mehr recht in Gang kommen. Deswegen waren die Zeitreisenden insgeheim erleichtert, als sich Sammuramats Mutter entschuldigte.

„Ich habe eine neue Dienerin und muß nachsehen, was sie in der Küche treibt. Erst gestern hat sie das Feuer so stark angeheizt, daß der Rauch durchs ganze Haus gezogen ist."

Als sie die Treppe hinuntergestiegen und außer Hörweite war, meinte Thomas: „Wetten, sie hat nicht einmal bemerkt, daß Sammuramat über die Mauer verschwunden ist?“

„Bestimmt macht sie es nicht zum ersten Mal“, erwiderte Heike.

„Ich glaube, bei solchen Eltern würde ich auch ausbüxen“, murmelte Michael. „Die erziehen ja nur die ganze Zeit an ihr herum und sind sich offenbar nicht einmal einig.“

Die Dunkelheit brach herein, ohne daß Sammuramat zurückkehrte. Allmählich machten sich die Zeitreisenden Sorgen. Ein Diener ging überall im Haus herum und zündete Fackeln an. Selbst der Garten wurde beleuchtet. Sammuramats Mutter bot den Zeitreisenden an, auf der Dachterrasse zu übernachten.

„Es ist warm, und Regen bekommen wir in dieser Nacht auch keinen. Ich schlafe lieber im Freien als in stickigen Räumen.“

Ein Diener brachte Decken und Tücher.

Der Boden war etwas hart, doch das war nicht der einzige Grund, daß weder die Zeitreisenden noch Sippar einschlafen konnten. Der Babylonier murrte leise vor sich hin.

„Es ist mir unangenehm, auf fremden Dächern zu nächtigen. Am Flußufer wohnt eine Tante von mir. Sie ist jedesmal entzückt, wenn ich sie besuche.“

„Wenn wir nur wüßten, wo Sammuramat steckt“, entgegnete Heike.

„Sammuramat, Sammuramat“, brummte Sippar. „Alles nur wegen dieser Göre ...“ Muffelnd drehte er sich herum und sagte keinen einzigen Ton mehr. Irgendwann fing er dann an zu schnarchen.

Heike lag auf der Seite, hatte den Arm ausgestreckt und kraulte Moorteufels Fell. Die vertraute Berührung tat gut und war tröstlich. Trost hatte sie nötig, denn sie hatte weniger Hoffnung als zuvor, daß es ihnen mit Hilfe von zwielichtigen Sterndeutern gelingen würde, Onkel Ambrosius ausfindig zu machen. Und jetzt fehlte auch noch Sammuramat ...

Plötzlich schlug Michael seine Decke zurück und stand auf. „Ich habe eben etwas gehört“, raunte er. „Unten im Garten.“

„Du hörst Gespenster“, murmelte Thomas, der gerade am Einschlafen gewesen war.

„Pah, ich hab' bloß bessere Ohren als ihr alle", brüstete sich Michael und ging zum Terrassenrand, um von dort hinabzuspähen. Eine Fackel brannte noch im Garten, und er sah, wie ein Schatten an der Mauer entlanghuschte. An dem leichten Hinken erkannte er Sammuramat. Katzengleich schlich sie zwischen den Sträuchern hindurch, wich dem Lichtschein der Fackel aus und verschwand durch ein Fenster im Haus.

„Sie ist eben zurückgekommen", verkündete Michael.

Heike schreckte hoch. „Wer? Sammuramat?" Sie kroch aus ihrer Decke.

„Wo willst du hin?" fragte Michael fassungslos, als Heike die Treppe hinabstieg.

„Ich muß mit Sammuramat reden", flüsterte Heike. „Jetzt gleich. Unbedingt."

„Ich würde nicht runtergehen", warnte Michael. „Die kriegt sicherlich von ihrer Mami den Kopf gewaschen."

Doch Heike ließ sich nicht abhalten. Vielleicht hatte Sammuramat bereits mit einem Sterndeuter gesprochen und etwas über Professor Ambrosius ausfindig machen können. Wahrscheinlich war es ein irriger Wunsch, aber Heike hielt es vor lauter Ungeduld nicht aus. Das lange Warten hatte sie kribbelig gemacht; jetzt mußte sie einfach wissen, was los war.

Im Dunkeln tappte sie ins erste Stockwerk hinab. Dann stand sie ratlos auf dem Balkon und lauschte. Eine Fackel an der Wand warf gespenstische Schatten. Irgendwo in der Ferne schrie ein Käuzchen. Heike erschauerte und wäre am liebsten wieder schnurstracks die Treppen hochgerannt. Dann riß sie sich zusammen. Ihre Furcht war albern!

Vorsichtig ging sie weiter. Welcher der Räume war Sammuramats Zimmer? Heike malte sich aus, was wohl geschehen würde, wenn sie versehentlich in der Kammer der Mutter landete. Am Ende dachte diese noch, Heike wollte etwas stehlen!

Heikes Knie waren gerade drauf und dran, weich zu werden, als das Mädchen ein Geräusch hörte. Es war unverkennbar ein Schluchzen. Jemand weinte.

Heike folgte dem Geräusch und öffnete vorsichtig eine Tür, die nur angelehnt gewesen war. Das Schluchzen verstummte schlagartig. Eine Gestalt kauerte zusammengekrümmt am Boden.

„Sammuramat?“ fragte Heike. Mit zwei Schritten war sie bei dem Mädchen. „Was ist mit dir? Hat sie dich geschlagen?“

Sammuramat schüttelte nur stumm den Kopf. Heike kniete neben ihr nieder. „Was hast du dann für einen Kummer? Was ist passiert?“ drängte sie. „Sag’ doch!“

Sammuramat gab keine Antwort. Ihr Körper wurde von trokkenen Schluchzern geschüttelt. Heike streichelte sanft ihre Schultern. Sie kam sich so hilflos vor. Wenn sie nur gewußt hätte, was Sammuramat bedrückte!

Endlich brach es aus dem Mädchen hervor: „Ich hab’ ihn nicht sprechen können. Sie haben mich einfach nicht vorgelassen. Ich habe es immer wieder versucht.“ Schniefend wischte sich Sammuramat mit dem Ärmel über das Gesicht. „Ich habe stundenlang gewartet. Fast hätte es geklappt. Aber dann ... dann kam ein Hofbeamter und hat mich rausgeworfen. ‚Krüppel haben hier nichts verloren‘, hat er zu mir gesagt. ‚Du beleidigst die Augen des Königs.‘“

Den letzten Satz konnte Heike nur erraten, so undeutlich war Sammuramats Rede geworden.

„So ein blöder Kerl“, empörte sich Heike. „Dieser Ochse ist es doch gar nicht wert, daß du dich über ihn ärgerst.“

Sie spürte, wie Sammuramat im Dunkeln die Fäuste ballte.

„Wegen ihm ... nur wegen ihm konnte ich den König nicht warnen! Und dabei ist es so wichtig!“

Heike überlegte. Sollte sie ihre Hilfe anbieten und versuchen, am nächsten Tag bei Nebukadnezar vorzusprechen? Würde man sie als Fremde überhaupt vorlassen?

Doch da sagte Sammuramat schon: „Ich weiß, wo ich Nebukadnezar morgen treffen kann. Zufällig hab’ ich es gehört. Um die Mittagszeit wird er im Westen von Babylon eine Baustelle besichtigen. Dort werde ich auf ihn warten. Und diesmal wird es mir gelingen, mit ihm zu reden!“

Heike fühlte, wie sich Sammuramats Körper spannte. Doch dann fiel schlagartig jede Verkrampfung von ihr ab, und Sammuramat murmelte:

„Hoffentlich ist es morgen nicht zu spät.“

Das Attentat

„Und ihr habt meiner Mutter bestimmt nicht verraten, was wir vorhaben?“ Sammuramats Augen schienen Michael förmlich zu durchbohren.

Der Junge wand sich. Er mochte es nicht, wenn man ihn derartig anstarrte, um ihn auf Herz und Nieren zu prüfen.

„Ehrenwort“, beteuerte er. „Wir sind doch nicht wahnsinnig und machen uns mehr Schwierigkeiten, als wir ohnehin schon haben. Ich hab' deiner Mami erzählt, daß du uns Babylon zeigen willst und daß wir hinterher auf den Markt gehen, um für sie neues Lampenöl zu kaufen, damit sie nicht im Finstern sitzen muß. – Glaubst du mir jetzt, okay?“

Sammuramat zögerte. Dann zuckte sie mit den Achseln. Laßt uns gehen. Ich weiß nicht, wann der König an der Baustelle eintreffen wird, und es ist gut, wenn wir etwas früher dort sind.“

Heike, Michael und Thomas trugen an diesem Tag babylonische Gewänder. Die beiden Jungen hatten hemdartige weiße Kleider an, die kurz über den Knien endeten und mit einem Gürtel zusammengehalten wurden. Sie kamen sich darin zuerst ziemlich lächerlich vor. Heike trug ein langes, rotes Gewand von Sammuramat. Unten am Saum war eine Borte mit goldenen Fransen angenäht, die Heike anfangs etwas beim Gehen kitzelten. Aber schon bald hatte sie sich daran gewöhnt. Sippar war nicht mehr bei ihnen. Der Babylonier hatte sich am Morgen verabschiedet, um seine Tante aufzusuchen.

Bald waren die Zeitreisenden mit Sammuramat zur Baustelle unterwegs, die sich im Westen Babylons befand. Auf einer Steinbrücke überquerten sie den Euphrat und gelangten in den Westteil der Stadt, der hauptsächlich aus Neubauten bestand. Sammuramat war selten in diesem Stadtteil gewesen, und häufig mußten sich die Kinder nach dem Weg erkundigen. Überall waren Baustellen, so daß manchmal ganze Straßen blockiert wurden. Schiffe brachten neues Baumaterial in die Weststadt; zahlreiche Arbeiter waren damit beschäftigt, die Ziegel abzuladen und an ihren Zielort zu transportieren. Die Kinder mußten ab und zu zur Seite springen und sich eng an die Wand drücken, wenn sperrige Balken an ihnen vorbeigetragen wurden.

Nach langem Herumirren erreichten sie endlich jene Baustelle, wo um die Mittagszeit der König auftauchen sollte. Eine gewaltige Baugrube war dort ausgehoben. In einer Ecke war die Erde feucht und naß – ein Hinweis auf Grundwasser. Einige Arbeiter berieten sich mit dem Architekten, was dagegen zu tun sei. Auf den anderen beiden Seiten herrschte emsiges Treiben; man war gerade dabei, eine Decke zwischen den Geschossen einzuziehen.

Die Kinder versteckten sich hinter einer halbhohen Lehmziegelmauer. Jenseits der Mauer wuchsen zwei Mandelbäume, und so waren Sammuramat und ihre Freunde vor neugierigen Blikken geschützt. Jetzt blieb ihnen nichts anderes übrig, als auf das Auftauchen Nebukadnezars zu warten.

„Eigentlich müßte er längst hier sein", flüsterte Sammuramat. „Die Sonne steht hoch am Himmel; es ist genau Mittag. Wahrscheinlich ist er durch irgendwelche Regierungsgeschäfte aufgehalten worden."

Immer wieder schielte einer von ihnen über die Mauer. Einmal kamen zwei Handwerker auf der anderen Seite ganz nahe heran. Die Kinder drückten sich eng in den Schatten und verhielten sich ruhig, um sich nicht zu verraten.

„Was machst du, wenn du Feierabend hast?" fragte der eine.

„Ins Wirtshaus gehen, was sonst?" gab der andere zurück. „Kommst du mit?"

„Nein, tut mir leid, ich kann nicht. Zuhause wartet meine Frau mit ihren sechs Kindern auf mich; das jüngste ist gerade vier Wochen alt ... Weißt du, was mein größter Wunsch ist?"

„Das ist nicht schwierig zu erraten. Wahrscheinlich viel Geld und ein Leben in Saus und Braus."

„Ganz falsch. Ich will nur eine einzige Nacht mal wieder richtig durchschlafen ..."

Michael grinste. Doch gleich darauf gefror sein Lächeln. Auf der anderen Seite der Mauer ertönte in diesem Augenblick ein gellender Schrei. Balken polterten herab, als ein Gerüst umkippte.

„Ein Unfall!" schrie einer der beiden Handwerker. Der Familienvater stöhnte fassungslos: „Gerade an der Stelle, wo ich normalerweise arbeite."

Dann liefen sie los, um zu helfen.

Alle waren in großer Aufregung. Das Gerüst hatte beim Umstürzen mehrere Arbeiter unter sich begraben; jetzt lagen die Balken kreuz und quer übereinander, und man wußte nicht, wo man zuerst anpacken sollte, um die Männer zu befreien. Ein Aufseher brüllte und gab Anweisungen, aber die Leute waren so durcheinander, daß die Befehle anfangs kaum befolgt wurden.

Nach und nach wurden die verschütteten Arbeiter hervorgezogen; manche waren mit dem Schrecken davongekommen. Einige hatten Verletzungen an den Armen und Beinen, und zwei waren so schwer verwundet, daß man sie auf Tragbahren abtransportieren mußte.

Die Kinder hatten von ihrem Versteck aus zugesehen. Sammuramat war ganz blaß. Ihre Lippen zitterten, als sie sagte: „Wenn sich der König nicht verspätet hätte, dann wäre er genauso begraben worden wie die anderen."

„Du meinst, es war gar kein Unfall?" fragte Michael. Das war ein ungeheuerlicher Gedanke.

„Das Gerüst stürzt ausgerechnet dann um, wenn man damit rechnet, daß Nebukadnezar die Baustelle besichtigt. Das kann kein Zufall sein!" erklärte Sammuramat entschieden.

Heike war zwar nicht ganz so sicher wie Sammuramat, aber merkwürdig war die Angelegenheit schon.

Als Nebukadnezar wenig später eintraf, hatte man die Verwundeten bereits nach Hause geschickt, und die übrigen Männer waren damit beschäftigt, das Gerüst wieder aufzubauen.

Natürlich erstattete der Aufseher dem König gleich Bericht. Nebukadnezar besah sich die Unglücksstelle.

„Wie konnte das passieren? War das Gerüst nicht ordnungsgemäß aufgestellt? Wurden die Sicherheitsvorschriften nicht eingehalten?"

„Ich habe das Gerüst noch heute morgen überprüft, und da war alles in Ordnung", beteuerte der Aufseher.

Einer der Arbeiter, der gerade ächzend eine Stange hochstemmte, bemerkte: „Gewackelt hat das Ding schon immer."

Der König runzelte die Stirn.

„Natürlich wackelt ein Gerüst“, entgegnete der Aufseher schnell. „Ein Brett ist ja kein Stein, und die natürlichen Schwingungen des Holzes –“

„Wenn es sich herausstellt, daß du grob fahrlässig gehandelt hast, dann weißt du, was dich erwartet“, sagte Nebukadnezar streng. „Im Gesetzbuch des Hammurabi heißt es: ‚Wenn ein Baumeister ein Haus so schlecht baut, daß es den Hausherren beim Einsturz erschlägt, soll der Baumeister hingerichtet werden.‘“

„Es wurde zum Glück niemand erschlagen“, murmelte der Aufseher, aber er ließ den Kopf hängen. Dabei hatte er das Gerüst tatsächlich noch vor kurzem kontrolliert, doch er hatte nichts Auffälliges feststellen können.

Nebukadnezar ließ ihn stehen, ging weiter, betrachtete den Bau, verglich ihn mit den Plänen, die ihm der Architekt überreichte und befragte die Arbeiter, ob sie Klagen hätten. Dann trat der König zu der Baugrube und begutachtete den Boden.

„Wir haben Probleme mit dem Wasser“, erklärte der Architekt. „Selbst wenn wir versuchen, die Stelle trockenzulegen, wird das Grundwasser immer wieder durchsickern. Wir könnten an diesem Platz höchstens einen Brunnen anlegen, aber das würde bedeuten, daß wir unsere ganzen Pläne ändern müssen.“

„Hm“, brummte Nebukadnezar. „Fertige ein paar Entwürfe an und bring sie mir in den Palast. Ich werde mir auch einen Fachmann für Trockenlegungen kommen lassen; dann sehen wir weiter.“

Er wandte sich ab und strebte dem Ausgang zu. Sammuramat machte sich bereit, um den König abzupassen. Michael warf noch einen Blick über die Mauer, um zu sehen, wie weit das Gerüst inzwischen wieder aufgestellt war. In diesem Augenblick entdeckte ihn einer der Männer, eine Art Unteraufseher.

„He, was gibt’s da zu gaffen? Scher’ dich fort, sonst mach’ ich dir Beine!“

Michael hatte sich schon längst wieder fallengelassen.

„Du Idiot“, zischte Heike. „Mußt du uns zuletzt noch alles verderben?“

Michael ging nicht darauf ein. „Die Stimme“, japste er. „Es

war hundertprozentig dieselbe Stimme, die ich neulich nachts in der Wüste gehört habe."

Heike stutzte. „Quatsch, der kann ja noch gar nicht in Babylon sein, selbst wenn er das schnellste Pferd genommen hat." Sie wurde unsicher. „Oder?"

„Wenn ich es doch sage", beharrte Michael. „Die Stimme würde ich unter Tausenden herauskennen."

Heike warf ihm einen skeptischen Blick zu, dann rannte sie Sammuramat nach.

Das Mädchen fing den König beim Eingang zur Baustelle ab. Seine Begleiter wollten Sammuramat erst zurückdrängen, doch sie schlüpfte zwischen ihnen hindurch und warf sich vor dem Herrscher auf die Knie.

„Verzeiht mir, aber ich mußte Euch sprechen, und anders gelingt es mir nicht ..."

Nebukadnezar schaute stirnrunzelnd auf die Liegende. „Steh auf und sag, was du zu sagen hast", befahl er. „Aber fasse dich kurz!"

Sammuramat hob den Kopf und blickte den König an, dann senkte sie ehrfürchtig ihre Lider.

„Herr, vor einigen Tagen warnte mich ein Traum. Ihr müßt wissen, ich habe das Zweite Gesicht – wenigstens manchmal", schränkte sie ein. „Und in jener Nacht sah ich, daß Ihr in großer Gefahr schwebt."

Nebukadnezar unterbrach sie. „Das ist mir nicht neu. Inzwischen ist ja bekannt, daß wir bald eine Mondfinsternis haben werden. Das ist ein sehr schlechtes Vorzeichen. Du kannst aber beruhigt sein, ich werde alle Anforderungen der Priester erfüllen, um das drohende Unheil von Babylon abzuwenden."

„Ihr versteht mich falsch", entgegnete Sammuramat, obwohl es als unhöflich galt, dem König zu widersprechen. „Ich rede nicht von Babylon, sondern von Euch. Ihr seid in Lebensgefahr! Jemand will Euch umbringen, o Herr!"

Nebukadnezar machte seinen Begleitern ein Zeichen. Gleich darauf faßte einer der Männer Sammuramat am Arm und zog sie behutsam, aber mit Nachdruck, auf.

„Der König ist ein vielbeschäftigter Mann, und er muß jetzt noch auf zwei andere Baustellen."

„Seht euch vor!“ Sammuramat schrie es fast, verzweifelt darüber, daß man ihr so wenig Gehör schenkte. „Seid vorsichtig! Das, was hier passiert ist, war kein Unfall, sondern ein Anschlag auf Euer Leben ...“

„Es ist gut. Ich danke dir.“ Nebukadnezar zog einen Silberring aus seinem Gewand und reichte ihn Sammuramat. „Und jetzt geh' nach Hause.“

Sammuramat stand wie erstarrt, den Ring in der Hand. Ihr Gesicht war vor Scham glühend rot. Der König hatte sie wie eine Bittstellerin behandelt!

„Na komm“, sagte Thomas, als Nebukadnezar und seine Begleiter außer Hörweite waren. Er klopfte ihr aufmunternd auf die Schulter. „Nimm's nicht so tragisch. Du hast deinen Teil getan. Manche Leute kann man nicht zu ihrem Glück zwingen.“

„Du tust so, als sei das Ganze ein Scherz“, fauchte Sammuramat ihn zornig an.

„Gar nicht“, widersprach Thomas. „Ich finde nur –“

Weiter kam er nicht, denn Sammuramat sah aus, als wollte sie gleich auf ihn losgehen. Außerdem platzte Michael jetzt mit seiner Neuigkeit heraus.

Sowohl Sammuramat als auch Thomas waren sehr skeptisch.

„Bei Stimmen kann man sich leicht täuschen“, meinte Thomas. „Vor allem, wenn jemand den gleichen Akzent hat.“

„Meine Ohren sind super“, versetzte Michael. „Und ich würde den Kerl unter Tausenden herauskennen.“

Thomas kratzte sich. „Selbst wenn du recht hast – was sollen wir jetzt tun? Zu dem Macker hingehen und sagen: ‚Hör mal, in Zukunft Finger weg von Gerüsten, sonst verpetzen wir dich bei der Polizei?‘“

Michael war geschlagen. „Okay, ich seh's ja ein, wir können im Moment wenig dagegen unternehmen.“ Entmutigt wollte er die Hände in die Hosentaschen stecken, aber es ging nicht, da er das kurze babylonische Kleid trug. So verschränkte er die Hände auf dem Rücken und starrte eigensinnig vor sich hin. „Todsicher war's derselbe Kerl, das schwör' ich.“

Schweigend gingen die Kinder los. Moorteufel spürte die gedrückte Stimmung und sprang ihnen schwanzwedelnd um die

Beine, bis Thomas sagte: „He, alter Freund, muß das sein? Beißt dich ein Floh?"

„Es ist wie verhext", klagte Heike. „Alles, was wir anfassen, geht irgendwie schief. Und wegen Onkel Ambrosius habe ich längst ein schlechtes Gewissen."

Sie überquerten wieder die Brücke, die sie in den Ostteil von Babylon zurückführte.

„Onkel Ambrosius finden wir nie", prophezeite Michael düster. „Wahrscheinlich stimmt's doch, was Archie von den Molekülen gesagt hat."

„Noch ein Wort und ich schubs' dich in den Euphrat", drohte Heike.

„Wir besorgen das Lampenöl für meine Mutter, und dann werde ich euch zu einem Sterndeuter bringen", schlug Sammuramat vor. Sie führte ihre Begleiter durch die verschlungenen Gassen am Flußufer. Überall stank es nach Fisch, und Heike wurde es von dem Geruch beinahe übel. Sie glaubte, es nicht mehr aushalten zu können, doch da öffnete sich die Gasse zu einem großen Viereck. Heike atmete erleichtert auf. Der Marktplatz!

Er war um diese Stunde ziemlich belebt. Händler boten an zahlreichen Ständen ihre Waren an, und überall standen Frauen, die das Angebot sorgfältig prüften, bevor sie kauften.

„Lampenöl gibt's weiter hinten", erklärte Sammuramat und winkte ihre Begleiter hinter sich hier.

Plötzlich ging es nicht mehr weiter. Vor ihnen drängten sich die Menschen, und man kam weder zwischen ihnen hindurch noch an ihnen vorbei.

„Was ist los?" fragte Michael neugierig. „Gibt's da was umsonst?"

„Vielleicht prügeln sich ein paar Leute", vermutete Thomas und stellte sich auf die Zehenspitzen. Doch er konnte nichts erkennen. Zum Umkehren war es jetzt zu spät, denn sie wurden bereits von hinten geschoben und waren regelrecht eingeklemmt. So blieb ihnen nichts anderes übrig, als zu warten.

Ganz stockend ging es weiter. Endlich erhaschte Sammuramat einen Blick auf das Geschehen.

„Ein Kranker", informierte sie die anderen. „Das hab' ich mir fast gedacht. Keiner darf vorbeigehen, ohne dem armen Kerl einen Rat zu geben."

Heike und Michael schauten sich verblüfft an. Sie waren doch keine Ärzte!

„Und das soll helfen?" fragte Thomas zweifelnd.

Sammuramat hob die Achseln. „Man sagt, es seien schon viele Leute auf diese Weise geheilt worden."

Wenig später war sie an der Reihe und trat ans Fußende einer Bahre. Der Kranke war bis zum Hals mit einer Decke zugedeckt.

„Was fehlt ihm?" fragte Sammuramat einen der beiden Männer, die neben dem Kopfende der Bahre standen.

„Dieser Alte schläft Tag und Nacht. Keinem gelingt es, ihn zu wecken. Kennst du vielleicht ein Mittel, das ihn wachmacht?"

Sammuramat überlegte kurz. „Befeuchtet sein Gesicht mit kaltem Wasser."

„Das haben wir bereits getan", sagte der eine Mann, und der andere bemerkte: „Immer wieder die gleiche Antwort! – Der nächste bitte!"

Heike trat an die Bahre und warf einen unsicheren Blick auf den Schläfer. Er war sehr blaß, das weiße Haar hing ihm wirr in die Stirn. Es dauerte genau fünf Sekunden, bis Heike den Schläfer erkannte: Es war kein anderer als Professor Ambrosius!

Heike war überzeugt, ohnmächtig zu werden. Der Boden schien sich unter ihren Füßen auf und ab zu bewegen.

„He, was ist los?" fragte Thomas, der ihr Schwanken bemerkte. „Ist dir schlecht?"

Heike ächzte nur und wies mit dem Finger auf die Bahre: „Dort ..."

„Meine Güte!" entfuhr es Thomas, und er erbleichte.

„Bitte einen Ratschlag für den Kranken!" forderte einer der beiden Männer sie auf, und seine Stimme klang leicht ungeduldig. „Haltet die anderen nicht auf. Wenn ihr kein Mittel wißt, dann geht weiter."

Heike war noch so schockiert, daß sie nicht fähig war, klar zu denken. ‚Wir müssen ihn von hier wegholen', schoß es ihr durch den Kopf. ‚Aber wie?'

„Los, weiter", murrten schon Leute von hinten. „Wir wollen auch drankommen und haben nicht den ganzen Tag Zeit!"

Entschlossen beugte sich Heike über die Bahre. Ihr Mund war ganz dicht an Professor Ambrosius' Ohr. „Hörst du mich? Wir sind hier bei dir, Onkel Ambrosius!"

Doch nicht einmal die Lider des Schläfers zuckten. Seine Haut wirkte so wächsern, daß Heike einen Augenblick lang fürchtete, einen Leichnam vor sich zu haben. Doch dann merkte sie, wie Professor Ambrosius atmete.

„He, Onkel!" Sie faßte mit einer Hand an seine Schulter. „Wach doch auf, bitte! Du brauchst nicht mehr zu schlafen! Wir sind hier und bringen dich zurück!"

Der Professor reagierte nicht.

Heikes Lippen fingen an zu zittern. Tränen stiegen ihr in die Augen. Sie sah ihren Großonkel nur noch verschwommen.

„Bitte, sag doch was ..."

Jemand zog sie hoch.

„Selbst von Tränen wird er nicht wach", erklärte einer der beiden Aufseher. „Der nächste!"

Thomas versuchte es mit leichten Klopfen auf die Wangen des Schläfers. „Hallo, Professor!" Doch alle Bemühungen hatten keinen Erfolg.

Jetzt war Michael an der Reihe. „Onkelchen, was machst du denn für Sachen? Liegst hier in der Gegend herum und verpennst den ganzen Tag! Du versäumst 'ne Menge, sag' ich dir. Also, ich an deiner Stelle würde sofort aufwachen!"

Der Erfinder rührte sich nicht, und Michaels Forschheit verflog. Seine Kehle wurde immer enger. „Mensch, Onkelchen, mach' doch keinen Blödsinn ..."

„Deine Worte wecken den Schläfer auch nicht auf", stellte der andere Mann fest. „Gib den Platz für den nächsten frei!"

„Aber er ist mein Großonkel", begehrte Michael auf. „Ich laß' mich nicht so einfach fortschicken."

Ungeachtet seiner Proteste wurde Michael weggeschoben, und man verwehrte ihm jede Rückkehr. Es dauerte eine Weile, bis er sich zu Heike und Thomas durchgeboxt hatte. Die Zeitreisenden waren ganz erschlagen von der unerwarteten Begegnung.

„Warum wacht er nicht auf?" fragte Heike voller Panik. „Was haben sie mit ihm gemacht?"

„Wir müssen ihn von hier wegbringen", haspelte Michael.

„Wer weiß, was die sonst noch mit ihm anstellen.“ Er schaute Thomas auffordernd an. Dieser wühlte bereits in seinem Kleid und stellte fest, daß die Fernbedienung in seinen Jeans steckte, die er in Sammuramats Haus gelassen hatte.

„Ich könnte mich ohrfeigen“, sagte Thomas wütend. „Wie konnte ich das Ding bloß vergessen!“

„Es hat ja auch keiner damit gerechnet, daß wir Onkel Ambrosius hier treffen“, murmelte Heike. Sie bemühte sich, trotz der Aufregung vernünftig zu überlegen. „Außerdem – wenn die Zeitmaschine hier mitten auf dem Platz auftaucht! Die vielen Leute! Und die beiden Aufpasser werden uns sicher daran hindern, Onkel Ambrosius fortzuschaffen.“

„Stimmt“, mußte Michael zugeben. „Was nun?“

„Wir müssen herausfinden, wohin man ihn am Abend bringt“, schlug Sammuramat vor. „Vielleicht ergibt sich dann eine bessere Gelegenheit, um ihn mit eurer Wundermaschine abzuholen.“

„Wir warten einfach hier, bis es dunkel wird“, meinte Michael.

„Und die Fernbedienung?“ fragte Thomas. „Wenigstens einer von uns muß zurückgehen und sie holen.“

Sammuramat fragte, ob er sich allein zurechtfinden würde, doch da Thomas zögerte, beschloß sie, ihn zu begleiten. Die beiden verschwanden in westlicher Richtung, während Michael und Heike sich in den Schatten setzten und warteten. Moorteufel zögerte, dann entschied er sich, Thomas nachzulaufen.

„Mach's gut, alter Kumpel.“ Michael seufzte. „Ich hätte mir nie träumen lassen, daß wir Onkel Ambrosius unter solchen Umständen begegnen! Offengestanden hab' ich gedacht, daß wir ihn überhaupt nie mehr sehen werden.“

„Aber dieser seltsame Schlaf ...“ Heike nagte an ihrer Unterlippe. „Warum steht er nicht auf und geht herum?“

Michael grübelte. „Der Zeit-Traum-Apparat hat ihn schlafend in die Vergangenheit versetzt, und irgendwie schafft Onkel Ambrosius es nicht, wie gewöhnlich aufzuwachen. Vielleicht ist sein Zeitgefühl auch durcheinander, und er bildet sich ein, er hätte zehn Minuten geschlafen, während er in Wirklichkeit schon wochenlang pennt.“

Heike sah ihren Bruder erschrocken von der Seite an. „Meinst du das ernst?“

Michael zuckte mit den Achseln. „Möglich wär's doch."

Heike schwieg und starrte gedankenversunken vor sich hin. Ab und zu wanderte ihr Blick zu der Menschenmenge hinüber, die sich noch immer um den schlafenden Professor drängte.

„Es macht mich ganz kribbelig, daß wir nur ein paar Meter von ihm entfernt sitzen und doch nichts unternehmen können", brach es schließlich aus Heike heraus.

„Ruhig Blut, Schwesterherz", neckte Michael sie, doch Heike war nicht in der Stimmung für Späße.

„Und wenn sie ihn vor unseren Augen wegtragen? Oder wenn es uns nie mehr gelingt, ihn zu wecken?"

„Mal doch nicht den Teufel an die Wand." Michael verdrehte die Augen. „Genausogut kann ja auch alles glattgehen."

„Diesmal geht nichts glatt", prophezeite Heike. Sie hatte sich offenbar vorgenommen, alles in den schwärzesten Farben zu sehen.

Kurz darauf spazierten zwei Frauen an dem Geschwistern vorbei. Sie unterhielten sich angeregt.

„Ich wüßte ein Mittel gegen den Schlaf", sagte die eine. „Meine Nichte hat nämlich im Sommer das Fieber bekommen, und sie schlief tagelang. Niemand konnte ihr helfen. Alle hatten sie schon aufgegeben. Doch dann sagte mir eine uralte Frau, daß es einen Baum gibt, dessen Blätter den Schlaf vertreiben und die Augen öffnen. Es ist der Baum-des-Neuen-Erwachens. ‚Aber du wirst ihn nicht finden', sagte die Alte. ‚Er wächst nicht mehr bei uns in Babylonien, sondern nur noch in Persien, und bis du dorthin reist, ist deine Nichte längst tot.' Doch noch in Nacht darauf schickten mir die Götter einen rettenden Einfall. Du hast doch schon von den Hängenden Gärten gehört, meine Liebe?"

Ihre Begleiterin nickte. „Ja, Nebukadnezar hat sie für seine Gattin Amytis bauen lassen."

„Ja, und in diesen Gärten wachsen die merkwürdigsten Pflanzen. Wundersame Gewächse, die sich auf Berührung zusammenziehen, Kräuter, die tödliches Gift in sich bergen, seltene Gewürze ... Ich dachte mir: ‚Vielleicht finde ich hier auch den Baum, den ich suche ...' Und tatsächlich! Amytis war sehr nett und bat ihre Dienerinnen, mir zu helfen ... Und was soll ich dir sagen? Ich fand tatsächlich den Baum-des-Neuen-Erwachens und habe aus den Blättern einen Tee gekocht. Als ich ihn meiner Nichte einflößte, schlug sie kurz darauf die Augen auf ..."

Die Frauen gingen schwatzend weiter.

Heikes Herzschlag aber hatte eine Sekunde ausgesetzt. „Hast du das gehört, Michael?"

„Klar, ich bin doch nicht taub", entgegnete ihr Bruder.

Heike überlegte so krampfhaft, daß eine Falte auf ihrer Stirn entstand. „Ich werde zu den Hängenden Gärten gehen und diese Blätter holen", sagte sie entschlossen und stand auf.

„Aber das war ein ganz anderer Fall", meinte Michael aufgeregt. „Das Zeug muß noch längst nicht bei Onkel Ambrosius wirken. Und du hast doch auch keine Ahnung, wo dieser komische botanische Garten ist." Er sah, daß sich seine Schwester nicht abhalten ließ und sagte empört: „Soll ich etwa hier warten?"

„Was sonst?" entgegnete Heike. „Einer muß doch Thomas und Sammuramat Bescheid geben, wenn sie zurückkommen."

„Aber –", begann Michael, doch Heike ließ ihn nicht ausreden, sondern funkelte ihn zornig an: „Eines sag' ich dir: Ich würde es mir nie verzeihen, wenn wir diese Chance nicht nutzten. Wir haben lange genug gewartet und nichts getan, und wenn ich etwas hasse, dann dieses sinnlose Herumsitzen! Das macht mich wahnsinnig!"

„Meine Güte", sagte Michael. „Du bist ja auf hundertachtzig."

„Na und?" schnaubte Heike, machte kehrt und trabte davon. Michael hob die Schultern und seufzte. Wenn Heike ihren Dickschädel hatte, dann war es zwecklos, ihr etwas anderes einreden zu wollen. In manchen Punkten war sie genauso halsstarrig wie Professor Ambrosius!

Michael streckte seine Beine aus, lehnte sich zurück, verschränkte die Hände im Nacken und betrachtete den blauen Himmel über Babylon. Er war recht guter Dinge. Schließlich hatten sie Professor Ambrosius wiedergefunden. Wenn sie Glück hatten, würde es gar nicht so lange dauern, bis sie mit der Zeitmaschine nach Hause fahren konnten. Das Problem mit dem Schlaf würden sie sicher irgendwie in Griff kriegen.

Michael ahnte nicht, daß alles ganz anders kommen würde.

Je weiter sich Heike vom Marktplatz entfernte, desto mehr Zweifel überkamen sie, ob das, was sie tat, wirklich richtig war. Vorhin war ihr alles so selbstverständlich erschienen. Aber jetzt, da sie sich ohne Sammuramats Führung durch Babylon bewegte und die Stadt ihr von Minute zu Minute fremdartiger vorkam, fühlte sie sich unsicher und ängstlich. Würde sie die Hängenden Gärten überhaupt finden? Und würde man sie einlassen? Schließlich handelte es sich um keine öffentliche Parkanlage, sondern um den Privatgarten der Königin!

Heike mußte stehenbleiben. Sie war außer Atem, so hastig war sie gegangen. Links und rechts ragten glatte, lehmziegelbraune Hauswände empor. Vor ihr öffnete sich ein Rundbogentor, und dahinter sah man eine sonnenbeschienene Straße mit Dattelpalmen. Fast wie im Urlaub! Heike holte tief Luft und gab sich einen Ruck.

‚Du schaffst es schon', redete sie sich ein. ‚So schlimm ist es doch gar nicht.'

An der nächsten Ecke roch es nach heißem Öl, und als ihr der Duft von Brotfladen in die Nase stieg, merkte Heike, wie hungrig sie war. Der Geruch kam aus einer Fensteröffnung, und als sich Heike auf die Zehenspitzen stellte, blickte eine Frau neugierig heraus. Sie war noch sehr jung und machte einen freundlichen Eindruck. Heike beschloß, sie nach dem Weg zu fragen.

„Die Hängenden Gärten?" wiederholte die Frau nachdenklich. Dann erhellte sich ihr Gesicht. „Oh, jetzt weiß ich, was du meinst. Der Garten ist gleich in der Nähe des Königspalasts. Am besten gehst du immer geradeaus, bis du fast beim Ischtar-Tor bist. Dann wende dich nach links, und schon du bist dort. Eigentlich kannst du's gar nicht verfehlen."

„Danke", sagte Heike. Sie wollte schon weiter, aber die Frau hatte ihr offenbar angesehen, daß ihr beim Geruch der Fladen das Wasser im Mund zusammengelaufen war.

„Warte. Ich habe Fladen für meinen Mann gemacht und ein neues Rezept ausprobiert. Ich weiß nicht recht, ob es mir gut gelungen ist. Willst du kosten?"

Sie reichte Heike ein handtellergroßes Stück aus dem Fenster. Der Fladen war goldgelb gebacken und duftete nach Ingwer. Heike verbrannte sich beinahe die Zunge, aber es schmeckte köstlich.

„Ausgezeichnet“, bestätigte sie. „Fabelhaft, wirklich!“

Die junge Frau freute sich über das Lob. „Möchtest du das Rezept haben?“ fragte sie. Und bevor Heike sie stoppen konnte, zählte sie auf: „Für vier Fladen braucht man vier Handvoll Getreide, einen Becher frische Ziegenmilch, feinstes Sesamöl ...“

Zuletzt schwirrte Heike der Kopf von all den Zutaten. Hoffentlich wußte sie noch den Weg zu den Hängenden Gärten!

Als sie durch das runde Tor trat, brannte die Sonne auf sie herab. In der Ferne sah sie links den großen Turm, der die Stadt überragte. An ihm konnte sie sich orientieren.

Im Schatten der Dattelpalmen hockten Männer bei einer Art Murmelspiel, und neugierige Blicke trafen Heike, als sie an ihnen vorüberging. Einer machte eine spöttische Bemerkung. Heike stellte sich taub und marschierte entschlossen weiter. Ein paar Tauben flatterten vor ihr hoch, und einmal jagte ein winziges, rotbraunes Äffchen den Stamm einer Dattelpalme hinauf.

Endlich erreichte Heike das Ischtar-Tor, von dem die junge Frau gesprochen hatte. Einen Moment lang stand sie in stummer Bewunderung vor den hohen, blauglasierten Mauern.

„Eine kleine Gabe“, jammerte eine brüchige Stimme zu ihrer Rechten. Ein uralter Bettler mit eingefallenen Wangen streckte ihr bittend beide Hände entgegen. Heike reichte ihm das Fladenstück, das sie übrigbehalten hatte, etwas anderes besaß sie nicht.

„Marduk möge dir die Gabe mit Reichtum und Glück vergelten“, murmelte der Bettler.

‚Etwas Glück‘, dachte Heike, ‚könnte ich schon gebrauchen ...‘

Sie wandte sich nach links. Am Ende der Straße sah sie das Wasser des Euphrat glitzern. Am Flußufer aber erhob sich eine Burg und davor befand sich ein weiteres festungsartiges Gebäude. Ein paar Baumkronen ragten über die Mauern. Hier mußten die Hängenden Gärten sein!

Heikes Herz klopfte heftig, als sie zu einem Rundbogentor trat und den goldenen Türklopfer hob. Links und rechts vom Tor wachten zwei große steinerne Löwen. Lange Zeit geschah nichts. Erst als Heike zum dritten Mal den Türklopfer heben wollte, wurde seitlich in der Mauer eine hölzerne Luke geöffnet.

„Ja?“ ertönte eine Stimme, so unfreundlich, daß Heike beinahe der Mut verließ. Am liebsten wäre sie auf der Stelle umgekehrt. Aber war sie den weiten Weg gegangen, um jetzt zu kneifen?

Heike faßte sich ein Herz. „Mein Großonkel ist krank“, berichtete sie. „Ich hörte, daß ihm Blätter vom Baum-des-Neuen-Erwachens helfen können. Dieser Baum wächst jedoch nur hier. Und so wollte ich Euch bitten, ob ich nicht ...“

Sie brach ab, denn die Luke war ihr vor der Nase zugeknallt worden.

„Mist!“ Heike machte ihrem Ärger Luft. Wenn man sie schon abwies, dann hätte man wenigstens höflich sein können!

Sie hatte sich bereits abgewandt, als sie hinter sich ein Geräusch hörte. Ein Riegel wurde zurückgeschoben und das Tor zögernd geöffnet. Ein winziger Türhüter – weißgekleidet und mit einer roten Schärpe um die Hüften – musterte sie aus kleinen, mißtrauischen Augen.

„Amytis, unsere hochgeborene Herrscherin, weilt zur Zeit nicht hier, sondern verbringt einige Wochen in ihrem Sommerpalast. Ich bin nicht befugt, Zutritt zu den Hängenden Gärten zu gewähren, die in ihrer Art wohl einzigartig auf der Welt sind.“

‚Sicher erwartet er jetzt ein Trinkgeld‘, schoß es Heike durch den Kopf. Was nun? Sie hatte weder Geld bei sich noch Schmuck. Höchstens ein Halskettchen! Automatisch fuhr ihre Hand hoch zum Hals, dorthin, wo an einer Schnur die Kapsel mit den Sprachpillen hing. Der Türwärter verfolgte aufmerksam ihre Bewegung, dann wurden seine Augen groß und rund.

„Das heilige Gefäß mit den wundersamen Kügelchen ...“ Er starrte sie an. „Seit Ihr von Marduk zur Erde gesandt worden, um unter den Menschen zu wandeln und sie zu prüfen?“

Heike war verblüfft, aber zum Glück schaltete sie rasch. „In Marduks Auftrag soll ich die Blätter holen“, sagte sie geistesgegenwärtig.

„Für den göttlichen Schläfer?“ hauchte der Türhüter ehrfürchtig.

„Für den göttlichen Schläfer“, wiederholte Heike und fragte sich insgeheim, was in Babylon geschehen war. Doch jetzt war

keine Zeit, darüber nachzugrübeln; sie mußte ihr Ziel im Auge behalten.

Der Türhüter trat respektvoll zur Seite und ließ sie ein. Hinter ihr verriegelte er das Tor wieder.

Heike ging durch einen Gang, der mit Steinfliesen belegt war. Neugierig sah sie sich um. Links und rechts zweigten Korridore ab, die vermutlich zu den Gemächern der Königin führten. Geradeaus gelangte man durch eine Flügeltür in einen halbrunden Innenhof, in dem ein Springbrunnen plätscherte.

Heike hielt unwillkürlich den Atem an, als sie den Hof betrat. Ringsherum waren stufenförmig Terrassen angeordnet, die man über Steintreppen erreichen konnte. Aber welch eine Pracht! Heikes Augen waren noch an die lehmfarbenen Häuser Babylons gewöhnt, und auf einmal befand sie sich mitten im Paradies! Bäume wuchsen übereinander und breiteten ihre Kronen aus, rosablühende Sträucher verströmten süßen Duft, Lilien in allen Formen und Farben bildeten einen farbigen Teppich. An den Mauerwänden rankten sich Weinreben und andere Schlinggewächse empor. Irgendwoher ertönte der durchdringende Schrei eines Papageies. Eine Horde von Meerkatzen jagte in atemberaubendem Tempo an Heike vorbei und flüchtete kreischend in eine Baumkrone.

Heike wußte nicht, wohin sie zuerst schauen sollte. Es erschien ihr fast unmöglich, daß dieser herrliche Garten von Menschenhand geschaffen worden war und unter der sengenden Sonne so üppig gedeihen konnte.

Der Türhüter schien ähnlich zu empfinden, denn er breitete die Arme aus und sagte salbungsvoll: „Ein einziges Wunder!"

„Und eine Meisterleistung der Technik", ergänzte eine Stimme. „Unter den Terrassen befinden sich nämlich Hohlräume, und viele Sklaven sind nötig, um das Wasser des Euphrats herauf in diese Gärten zu pumpen."

Heike fuhr herum. Ein anderer Babylonier war neben sie getreten, ebenfalls weiß gekleidet. Seine sonnenverbrannte Haut verriet, daß er sich häufig im Freien aufhielt. „Ich bin der Hüter der Pflanzen, und meine Aufgabe ist es, dafür zu sorgen, daß sie sich wohlfühlen."

Heike fand es an der Zeit, ihren Wunsch vorzubringen. „Ich suche Blätter vom Baum-des-Neuen-Erwachens."

„Sie trägt genau wie der göttliche Schläfer das heilige Gefäß", murmelte der Türhüter und schlug die Augen nieder.

Der Hüter der Pflanzen schien einen Augenblick verunsichert, verneigte sich dann ehrfürchtig und bat Heike, ihm zu folgen. Sie stiegen drei Steintreppen hinauf und betraten dann einen schmalen Pfad. Immer wieder hielt der Babylonier inne und bog Zweige zurück, damit sie Heike nicht ins Gesicht schlugen.

„Der Baum, den Ihr sucht, wächst an einer etwas unzugänglichen Stelle", erklärte er. „Um zu gedeihen, benötigt er Schatten und saure Erde. Deswegen habe ich in seine Nähe einen wilden Rosenbaum aus den Bergen des Ostens gepflanzt."

Heike nickte, ohne viel von seinen Worten zu begreifen.

Endlich blieb der Babylonier stehen. Heike erblickte einen üppig blühenden Baum, dessen rote Blüten sie an Azaleen erinnerten. Doch der Babylonier griff nach der Pflanze daneben – einem etwas kümmerlich wirkenden Gewächs mit gefiederten Blättern.

„Dies ist der Baum, den Ihr sucht." Der Babylonier murmelte ein paar Worte, die Heike nicht verstand. Es hatte fast den Anschein, als wollte er sich bei der Pflanze entschuldigen. Danach pflückte er ganz behutsam sieben Blätter, die er Heike übergab.

„Mehr zu nehmen würde den Baum zu sehr schwächen. Das kann ich nicht verantworten."

Heike bedankte sich verwirrt. Als sie mit den Blättern in der Hand die Stufen hinabstieg, wäre sie fast gestolpert, so benommen war sie von all den Gerüchen und Eindrücken. Sie konnte es beinahe nicht fassen, daß sie tatsächlich alles erreicht hatte. Der Türhüter öffnete ihr höflich die Tür.

Erst als Heike draußen vor dem Gebäude stand, wurde ihr bewußt, daß sie auf sein feierliches „Marduk möge Euch beschützen!" mit „Tschüs!" geantwortet hatte!

Das Geheimnis des Tempels

Heike beschloß, am Flußufer entlang zum Marktplatz zurückzugehen, aber eine Viertelstunde später bereute sie ihre Entscheidung, denn sie hatte sich hoffnungslos verlaufen. Sie fragte einen kleinen Jungen, der im Schlamm spielte, nach dem Marktplatz. Das Kind aber wischte sich nur mit dem schmutzigen Arm die Rotznase ab und starrte Heike verständnislos an.

Von ihm würde sie keine Auskunft bekommen!

Heike schaute sich nach anderen Leuten um. Eben verschwand eine Frau mit einem Wasserkrug auf dem Kopf in einer Seitengasse, und als Heike ihr folgte, sah sie, wie sie ein Gebäude betrat. Da die Tür offenstand, ging Heike ihr einfach nach. Zu spät merkte sie, daß sie in ein Wirtshaus geraten war. Ein paar Männer, die an Holztischen beieinandersaßen, machten sofort einige Anspielungen.

„Oh, endlich mal ein neues Gesicht ..."

„Was, die gefällt dir? Die ist doch viel zu groß! Und ihre Nase ist auch zu spitz."

Er erntete Gelächter.

Heike spürte, wie ihr das Blut in den Kopf schoß. Sie tat aber ganz gleichgültig und wandte sich um. Eine dicke Wirtin trug gerade einen großen Bierkrug herein. Als sie Heike sah, hob sie erstaunt die Augenbrauen, die so buschig waren wie bei einem Mann. Auch ihre Stimme klang tief, als sie fragte:

„Was wünscht die Dame?“

„Ich möchte nur eine Auskunft“, sagte Heike rasch, die den dringenden Wunsch verspürte, das Wirtshaus so schnell wie möglich zu verlassen. „Wie komme ich zum Marktplatz?“

„Das ist viel zu weit“, grölte einer der Männer. „Ich schlage dir vor, setz' dich her zu uns an den Tisch und ruh' deine schönen Füßchen erst einmal aus.“

„Füßchen ist gut“, johlte ein anderer. „Seht euch an, was sie für Quadratlatschen hat!“

„Halte gefälligst deine Klappe, sonst fliegst du raus!“ drohte die Wirtin.

„Wenn du das machst, erzählen wir überall herum, daß du dein Bier verwässerst, und dann wirst du zur Strafe ertränkt, wie es das Gesetz vorschreibt!“ gab ein bärtiger Mann zurück.

„Ich verwässere mein Bier nicht“, entgegnete die Wirtin kühl, dann winkte sie Heike näher zu sich und sagte: „Laß sie reden. Bei der Hitze steigt ihnen das Bier schnell zu Kopf, und sie wissen nicht mehr, was sie sagen.“ Sie begann, Heike den Weg zum Marktplatz zu erklären und beschrieb ihr, wie sie eine Abkürzung durch den Tempelbezirk nehmen konnte.

„Da sparst du dir eine ganze Ecke! – He, was ist dort hinten los?“

Die Wirtin stemmte ihre Hände in die Hüften. „Wenn ihr euch prügeln wollt, dann bitte woanders!“

In einem düsteren Winkel standen sich zwei Männer wie Kampfhähne gegenüber.

„Ich will mein Geld“, brüllte der eine. „Ich habe meine Arbeit ordnungsgemäß ausgeführt, und jetzt will ich dafür bezahlt werden, wie es abgemacht war.“

Der andere murmelte etwas, was Heike nicht verstand, aber der erste regte sich offenbar darüber noch mehr auf.

„Es war nicht meine Schuld, daß es nicht geklappt hat. Ich

wollte bei der Sache sowieso nicht mitmachen, und jetzt steige ich aus! Ich hab' genug! Ihr seid erbärmliche Schurken und Halunken. Halsabschneider, jawohl! Möge der ganze Zorn Marduks auf euch herabfahren, verdammt noch mal!"

Als Antwort schlug der andere ihm mit der Faust ins Gesicht. „Da hast du deine Bezahlung, du Verräter! Du schmieriger Bastard, du Abschaum Babylons! Marduk verhüllt sein Antlitz, wenn er dich sieht!"

„He, he, he!" Die Wirtin ließ Heike stehen und durchquerte mit energischen Schritten den Raum. „Dies ist ein anständiges Gasthaus, und hier wird nicht gerauft! Wenn ihr euch unbedingt streiten müßt, dann geht in den ‚Schwarzen Stier' oder in eine andere von diesen üblen Kneipen! Aber hier im ‚Goldenen Krug' habt ihr nichts mehr verloren, verstanden?"

„Soll das ein Rauswurf sein?" fragte der eine höhnisch, während sich der andere das Blut von der Nase wischte. Die Wirtin reichte ihm ein Tuch, das über einer Stuhllehne gehangen hatte.

„So kann man es nennen. Ich werde jetzt bis sieben zählen, und bei ‚Sieben' seid ihr verschwunden. Sonst werde ich meine Freunde holen, die euch in die Fluten des Euphrat werfen, damit ihr zur Besinnung kommt. Eins ..."

Murrend ging der eine zur Tür. Heike sah, daß sein Schädel völlig kahl war. Seine düstere Miene verhieß nichts Gutes. Der andere preßte noch immer das Tuch auf seine Nase, suchte in seinem Gewand nach einer Münze und warf sie der Wirtin hin. Dann verließ er ebenfalls den Raum. Die Wirtin stieß die Luft aus.

„Die sollen sich bloß nicht mehr hier blicken lassen!" Sie kehrte zu Heike zurück. „Weißt du den Weg noch?"

Heike nickte. „Ich hoffe es."

In diesem Augenblick röhrte laut ein Trinkhalm. Einer der Gäste hatte seinen Bierkrug geleert und rief: „He, füll' nach! Dieser Streit hat mich durstig gemacht!"

„Mal langsam, ich kann ja nicht hexen", antwortete die Wirtin und stemmte schwungvoll einen Krug hoch. „Ich muß mich wieder um die Gäste kümmern", sagte sie halblaut zu Heike. „Sonst murren sie und gehen zur Konkurrenz. Erst letzten Monat ist zwei Straßen weiter ein neues Wirtshaus eröffnet worden."

Heike bedankte sich für die Auskunft und ging fort. Sie nahm den Weg, den ihr die Wirtin beschrieben hatte. Anstatt den großen Tempelbezirk des Marduk-Heiligtums zu umrunden, sollte sie mitten über den Platz gehen. Als sie durch das Tor trat, entdeckte sie wenige Meter vor sich den glatzköpfigen Mann, der sich im Wirtshaus mit dem anderen Babylonier gestritten hatte. Er war zornig und mißgelaunt, das sah Heike an seinem Gang. Was tat der Mann hier im Tempelbezirk? Wollte er Marduk um Rache anflehen? Heike fand den Mann höchst seltsam. Automatisch ging sie langsamer, weil sie die Begegnung mit ihm scheute, obwohl sie nicht sicher sagen konnte, ob er sie im Wirtshaus überhaupt gesehen hatte. Sie ließ andere Leute an sich vorbei, die in den Tempelhof gekommen waren, um dem Gott Marduk Opfer zu bringen und zu beten. Heike sah mehrere Altäre und Wasserbecken, an denen die Babylonier stehenblieben. Weißgekleidete Priester, die goldene Schärpen über den Schultern trugen, nahmen die Weihegaben entgegen.

„Unser Sohn ist schon ein ganzes Jahr lang verschwunden", jammerte ein Mann gerade. „Wir möchten so gerne wissen, ob er noch lebt und ob er irgendwann zu uns zurückkehren wird."

Seine Ehefrau nickte schüchtern.

Der Priester schien ihnen aber gar nicht richtig zuzuhören, sondern reckte den Hals, so als hielte er nach jemandem Ausschau. Dann sagte er: „Einen Moment, bitte!" Er ließ das Ehepaar stehen und überquerte eilig den Platz. Heike wunderte sich sehr, als sie sah, wie der Tempelpriester auf den Glatzköpfigen zusteuerte. Ihre Neugier erwachte. Vor ihr schritt ein dicker Babylonier gemächlich über den Tempelhof und kaute dabei Granatapfelkerne. Heike nutzte seinen breiten Rücken als Deckung, um unbemerkt etwas von dem Gespräch zwischen dem Priester und dem kahlköpfigen Mann zu erlauschen.

„... Ärger gegeben", sagte der Mann mit der Glatze. In seiner Stimme schwangen Nervosität und Unruhe. „Er wollte unbedingt Geld. Natürlich hab' ich ihm keines gegeben, denn schließlich hat die Sache nicht geklappt. Dabei hat er mir den Erfolg garantiert. Es war ein todsicherer Plan."

„Wie unangenehm", murmelte der Priester und rieb sich fahrig die Hände. „Ich sehe eine Fügung des Schicksals, daß er sich verspätet hat. Er ist wirklich ein Günstling der Götter ..."

„Purer Zufall", brummte der andere. „Ich hoffe nur, daß Malik-Schamasch den Mund hält. Er hat da so ein paar Andeutungen gemacht, daß er aussteigen will."

„Übel, übel", näselte der Priester. „Nun, wir werden uns um Malik-Schamasch kümmern, und wenn er redet, wird das sein letzter Fehler sein." Er sah mißtrauisch über die Schulter. Sein Blick fiel auf Heike, aber dem Mädchen gelang es, ein so harmloses Gesicht aufzusetzen, daß der Priester keinen Verdacht schöpfte.

„Was nun?" fragte der Glatzköpfige ungeduldig. „Zu dumm, daß der Plan gescheitert ist."

„Warte auf die Mondfinsternis", sagte der Priester mit gedämpfter Stimme. „Ich setze große Hoffnungen auf den Schläfer. Wenn das Volk erst erfährt, daß Nebukadnezar einen Götterboten töten ließ ..."

Heike durchfuhr ein eiskalter Schreck. In diesem Augenblick fing der Babylonier vor ihr so heftig an zu husten, daß sie kein Wort mehr verstand. Er japste, und sein Gesicht lief blau an, daß man meinte, er müsse ersticken. Heike reagierte ganz automatisch und drosch ihm heftig auf den Rücken.

„Beide Arme hoch, los!" kommandierte sie. „Nein, noch höher!"

Der Babylonier gehorchte. Heike mußte noch ein paarmal klopfen, dann wurde es besser, und der Dicke bekam wieder Luft.

„Danke", sagte er und wischte sich den Schweiß von der Stirn. „Ich habe mich verschluckt und dachte schon, es sei mein Ende. Ihr habt mich vor dem Ersticken bewahrt." Jetzt erst schaute er Heike richtig an. „Ich habe noch nie eine junge Frau erlebt, die eine derart kräftige Hand hat!"

„Hauptsache, es hat genützt", erwiderte Heike. Der Babylonier wollte ihr eine Münze geben, aber Heike lehnte ab. Der Dicke bedankte sich noch einmal umständlich, dann ging er weiter. Heike atmete auf.

Als sie sich wieder nach den beiden Männern umschaute, waren sie verschwunden.

„Ich kann nichts dafür!" verteidigte sich Michael. „Sie haben ihn weggetragen. In dem Gewühl war es unmöglich, ihnen zu folgen, aber ich habe gehört, daß sie ihn in den Tempel bringen wollen."

„Schöner Mist", stellte Thomas fest. „Jetzt müssen wir warten, bis Heike zurück ist, vorher können wir nichts unternehmen." Er hockte sich neben Michael auf den Boden. Sammuramat nahm ebenfalls Platz. Sie streichelte Moorteufel und warf einen nachdenklichen Blick zum Himmel. Nicht mehr lange, dann würde die Sonne untergehen ...

„Heike müßte längst da sein", brach es aus Michael heraus. Er konnte seine Unruhe nicht länger verbergen. „Sie ist schon eine Ewigkeit weg. Ich hab' ja keine Ahnung, wo diese komischen Hängenden Gärten sind. Vielleicht ist sie auch einfach irgendwo aufgehalten worden, aber ich werde das dumme Gefühl nicht los, daß etwas passiert ist." Er fügte dumpf hinzu: „Das hat uns gerade noch gefehlt."

„Sie hätte nicht weggehen dürfen", meinte Sammuramat, die sich ebenfalls Sorgen um Heike machte.

„Du kennst meine Schwester nicht", begehrte Michael auf. „Sie ist manchmal unglaublich stur. Da könnte ich dir Sachen berichten ..."

„So, könntest du?" ertönte eine spitze Stimme von der Seite. „Das ist ja hochinteressant. Vielleicht erzählst du 's mir auch einmal. Aber später, ich hab' nämlich zufällig etwas ganz Merkwürdiges mitangehört ..."

„Heike!" Michael sprang überrascht auf. „Und ich dachte schon, sie hätten dich gekidnappt, oder du wärst unter die Räder eines Ochsenkarrens gekommen oder in den Euphrat gestürzt!"

„Tut mir leid", sagte Heike. „So schnell wirst du mich nicht los. Übrigens war ich erfolgreich – hier!" Sie wedelte mit den Blättern. „Frisch aus den Hängenden Gärten! Aber auf dem Rückweg ist mir etwas Komisches passiert. Es fing im Wirtshaus an ..."

Sie schilderte ihre Erlebnisse. Sammuramat wurde immer aufgeregter.

„Das ist eine heiße Spur", sprudelte sie hervor. „Und jetzt wissen wir sogar den Namen von einem der Verschwörer: Malik-Schamasch! Würdest du auch den Priester wiedererkennen?"

Heike schloß die Augen und rief sich sein Gesicht ins Gedächtnis zurück. „Ich bin ziemlich sicher. Und den Glatzkopf kann ich ebenfalls beschreiben."

Sammuramat rieb sich vor Eifer die Hände. „Mein Vater wird in wenigen Tagen in Babylon eintreffen. Mit seiner Hilfe wird es bestimmt gelingen, die Verschwörung aufzudecken und die Verbrecher zu bestrafen. Er hat ein sehr gutes Verhältnis zu Nebukadnezar, und der König wird seine Worte ernstnehmen." Sie fügte etwas leiser hinzu: „Das hoffe ich wenigstens."

„Schön", sagte Heike fahrig. „Aber dein Vater kommt frühestens in sechs bis acht Tagen, und an der ganzen Sache gefällt mir nicht, daß Onkel Ambrosius irgendwie in die Angelegenheit verstrickt ist. Ich hab' keine Ahnung, warum, aber man hält ihn offenbar für einen Götterboten, und dieser Priester sprach davon, daß Nebukadnezar vorhat, ihn umbringen zu lassen." Sie stützte ihren Kopf in die Hände. „Das kapier' ich einfach nicht ..."

„Ich hab' auch das Gefühl, da fehlen uns ein paar ganz wichtige Puzzleteilchen", murmelte Thomas. „Aber offengestanden, für uns ist es wichtiger, daß wir heil mit dem Professor nach Hause zurückkehren, als diese Verschwörung aufzudecken." Er holte die Fernbedienung aus seiner Tasche und betrachtete sie tiefsinnig. „Sie haben ihn in den Tempel gebracht, sagst du?"

„Willst du jetzt die Zeitmaschine herbeiholen?" fragte Heike. Irgendwie behagte ihr der Gedanke nicht, ohne daß sie genau den Grund dafür sagen konnte.

Thomas nickte. Dann schaute er sich um. „Aber dazu brauchen wir eine ruhige Ecke."

Sie standen auf, um einen Platz ausfindig zu machen, wo die Zeitmaschine unauffällig erscheinen konnte. Sammuramat kannte den Innenhof eines verlassenen Gebäudes; dorthin zogen sie sich zurück.

„Der Marduk-Tempel ist groß", warnte Heike. „Es gibt hundert Stellen, wo Onkel Ambrosius sein könnte."

„Dann suchen wir eben", meinte Thomas und betätigte die Tasten der Fernbedienung.

Kurz darauf flimmerte die Luft in allen Regenbogenfarben – wie immer, wenn die Zeitmaschine auftauchte. Heike kam es vor, als würde das Flimmern diesmal besonders lange dauern. Die Umrisse der Maschine wurden sichtbar, verschwanden wieder, erschienen erneut.

Thomas knirschte mit den Zähnen.

„Ich kriege das Ding einfach nicht herbei."

„Ich dachte, du hättest die Fernbedienung repariert", sagte Michael spitz.

„Das dachte ich auch. Verflixt, was ist los?" Thomas drückte noch einmal die Ziffernkombination, und diesmal gelang es. Die Zeitmaschine tauchte vor ihnen auf – ein großes glitzerndes Gebilde.

„Phantastisch", murmelte Sammuramat.

Die Einstiegsluke glitt auf.

„Was war los, Archie?" fragte Thomas sofort. „Warum hat es nicht beim erstenmal geklappt?"

„Furchtbare Interferenzen", klagte Archie, und seine Stimme klang schmerzverzerrt. „Die Peilung ist enorm schwierig. Es ist fast so", der Computer suchte nach einem passenden Vergleich, „als würde ein Mensch mit drei Promille Alkohol ein Auto fahren."

„Gräßlich", stimmte Michael ihm zu.

„Auf schneeglatter Fahrbahn", ergänzte Archie. „In meinem elektronischen Gehirn ist die Hölle los. Es funkt und kracht wie an Silvester, und mein Sicherheitsspeicher ist ernsthaft gefährdet. Meine Steuerung –"

„Archie", unterbrach Thomas den redseligen Computer, „wäre es vielleicht möglich, uns zum Marduk-Tempel zu bringen?"

Archie schwieg drei Sekunden lang. Dann sagte er zögernd: „Offengestanden möchte ich erst etwas ausnüchtern, falls es nicht eilt."

„Im Marduk-Tempel befindet sich nämlich Professor Ambrosius", fügte Michael hinzu.

„Diese Nachricht ändert den Sachverhalt natürlich enorm", sagte der Computer sachlich. „Allein die Tatsache, daß die Moleküle meines Schöpfers nicht in alle Zeiten verstreut sind, bringt meine Schaltkreise auf Hochtouren." Er jubelte: „Yippie!" Gleich darauf wurde sein Tonfall wieder geschäftsmäßig:

„Entschuldigung, das war nur der plötzliche Spannungsüberschwang!“

„Bist du wirklich okay, Archie?“ fragte Heike mißtrauisch. Die Steuerung der Zeitmaschine erfolgte durch den Computer, und wenn dieser durchdrehte ...

Archie aber gab ein beruhigendes Klicken von sich. Gleich danach sahen die Kinder, daß der Computer den Bildschirm in der Zeitmaschine eingeschaltet hatte. Darauf erschienen zuerst grafische Muster, dann tauchte der Plan einer Tempelanlage auf. Heike erkannte den siebenstufigen Turm des Marduk-Heiligtums.

Thomas warf den anderen einen fragenden Blick zu.

„Na, dann mal los“, meinte Michael. „Von alleine kommt Onkel Ambrosius nicht in die Maschine hereingeschneit. Begleitest du uns, Sammuramat?“

Sammuramats Augen leuchteten. Das Mädchen brannte darauf, noch einmal mit der Wundermaschine zu fahren.

Sie stiegen ein und nahmen auf den Sitzen Platz. Heike begutachtete kritisch das Bild auf dem Monitor und bemerkte: „Die Tempelanlage sieht aber in Wirklichkeit etwas anders aus.“

„Es liegt daran, daß ich meine Informationen aus Büchern habe, die im zwanzigsten Jahrhundert aufgrund von Ausgrabungsberichten geschrieben wurden“, entgegnete Archie ein wenig verschnupft. „Der Plan wurde mir falsch eingegeben. Ich bin jedoch gerne bereit, alle Fehler zu korrigieren.“

Thomas hatte die Hand bereits am Starthebel. „Wie sollen wir vorgehen? Wohin könnten sie den Professor gebracht haben, Sammuramat?“

Das Mädchen starrte auf den Bildschirm und fuhr dann mit dem Zeigefinger einige Linien entlang. „Entweder haben sie ihn in den Hochtempel Etemenanki, also in den Turm, getragen oder in den Tempel Esagila, der sich zu ebener Erde befindet. In beide Gebäude dürfen eigentlich nur die Priester und der König hinein.“

„Das ist kein Problem“, meinte Michael. „Unsere Zeitmaschine kann auch durch Wände gehen.“

Sammuramat sah ihn überrascht an. „Du meinst, ihr könnt hinein, selbst wenn alle Türen und Fenster verschlossen sind?“

Michael nickte. „Genau."

Sammuramat biß sich auf die Lippen. „Ich habe geglaubt, daß ich euch gut kenne, aber jetzt kommen mir erneut Zweifel. Vielleicht seid ihr doch Gesandte des Himmels und wollt mich auf die Probe stellen."

„Quatsch", sagte Heike und legte ihr beruhigend die Hand auf die Schulter. „Wir sind Menschen genau wie du."

„Wenn wir Götter wären, würden wir nicht ständig von einem Schlamassel ins nächste geraten", ergänzte Michael.

Die Einstiegsluke glitt mit leisem Surren zu. Auf dem Schaltpult blinkten einige Kontrollämpchen.

„Los, Archie", befahl Thomas. „Bring uns zum Tempel. Aber sei beim Landen vorsichtig. Wir wollen nicht mitten in einer Menschenmenge auftauchen, klar?"

„Klar", echote der Computer.

Thomas drückte den Starthebel herunter. Die Maschine begann zu dröhnen. Das Gebäude draußen vor dem Fenster verschwand, und dichter, weißer Nebel wallte an den Scheiben vorbei.

„So dunstig wie frühmorgens am Fluß, wenn ich mit meinem Vater auf Entenjagd gehe", murmelte Sammuramat. Sie preßte ihre Nase an die Scheibe. Dann zuckte sie zurück: „Oh, was ist das?"

Vor den Fenstern glänzte mit einem Mal kalter schwarzer Stein, und der Nebel war weg. Sie befanden sich im Innern einer großen Halle. Es war finster; nur ein paar Pechfackeln brannten.

„Wir sind im Tempel Esagila", verkündete Archie matt. „Meine Sensoren nehmen wieder gewaltige Interferenzen wahr. Die Quelle muß sich in unmittelbarer Nähe befinden."

Heike stieß unwillkürlich einen kleinen Schrei aus, als sie die riesige Statue entdeckte. Sie war mindestens so hoch wie drei Männer und aus purem Gold.

„Marduk", hauchte Sammuramat und senkte ehrfürchtig den Kopf. „Wir sind in der Götterhalle ..."

Als die Einstiegsluke aufglitt, nahmen die Zeitreisenden sofort den betäubenden Geruch von Weihrauch wahr. Er strömte aus einem goldenen Gefäß und erfüllte den ganzen Raum. Thomas warf einen Blick aus der Zeitmaschine und sah sich suchend um.

„Kein Professor ..."

Da vernahmen sie am anderen Ende der Halle Schritte. Bevor sich Thomas zurückziehen konnte, betrat ein Priester den Raum. In seinen Händen trug er zwei längliche goldene Krüge. Offenbar wollte er gerade dem Gott ein Opfer bringen. Doch als der Priester die Zeitmaschine entdeckte, schrie er auf und ließ vor lauter Schreck die Krüge fallen. Es gab einen entsetzlichen Lärm, und aus den Krügen ergoß sich der Wein auf seine Füße. Der Priester aber warf sich auf die Knie und preßte seine Stirn auf den Boden.

„Marduk", heulte er, „verschone mich mit deiner Rache. Ich schwöre, ich habe nichts getan! Ich bin unschuldig!"

„Nichts wie weg!" zischte Thomas. „Sonst kriegen wir noch Ärger."

Die Einstiegsluke glitt zu, und Heike betätigte den Starthebel. Schon war die dunkle Halle verschwunden, und vor den Fenstern erschien wieder der weiße Nebel.

Beim nächsten Mal landeten sie in einer kleinen Kammer, in der religiöse Kultgefäße aufbewahrt wurden. An einer langen Stange hingen Priestergewänder in verschiedenen Größen. Von Professor Ambrosius dagegen sahen die Kinder keine Spur.

„Wieder Fehlanzeige", murmelte Michael. „Weiter, Archie!"

Dann tauchte die Zeitmaschine in einem Raum auf, in dem Priester zusammensaßen und einen Gesang einübten. Da sie die Augen geschlossen hatten, um sich besser auf das Gehör zu konzentrieren, merkte keiner etwas, und die Zeitmaschine konnte heimlich verschwinden.

„Archie, bitte", mahnte Thomas, „paß auf, daß wir nicht wieder unter so viele Leute geraten."

„Ich werde mein Bestes tun", versprach der Computer mit gequälter Stimme. „Übrigens sinkt unsere Energie, und nach wie vor stören diese seltsamen Interferenzen. Soll ich trotzdem weitersuchen?"

Die Kinder wechselten einen Blick.

„Mach weiter", sagte Thomas dann. „Wir müssen den Professor finden."

Das nächste Mal dauerte es besonders lange, bis sie aus dem Nebel herauskamen. Sie landeten in einem kleinen, fensterlosen

Raum, der leer und völlig uninteressant war. Diesmal setzte die Zeitmaschine so ruckartig auf dem Boden auf, daß es die Reisenden beunruhigte.

„Verzeihung“, sagte Archie. „Das war ein Versehen. Sind wir jetzt richtig?“

„Nein, Archie, es war wieder nichts“, erklärte Thomas bedauernd.

„Verflixt und zugenäht“, murrte der Computer. Sein Tonfall wurde weinerlich. „Ich bin unfähig! Meine Schaltkreise sind völlig durcheinander. Ich bin verzweifelt, zutiefst deprimiert, am Boden zerstört ... Ich sehne mich danach, von einem Schrotthändler auseinandergenommen zu werden ...“

„Aber Archie!“ sagte Heike entrüstet. „Wie kannst du nur so etwas denken!“

Am Schaltpult leuchteten gleich drei rote Lämpchen auf. Es ertönte ein warnendes Piepsen.

„Achtung! Achtung!“ rief Archie alarmiert. „Wir haben nur noch sehr wenig Energie! Höchste Zeit, daß meine Solarzellen ein Sonnenbad nehmen.“

„Mist“, murmelte Michael. „Ausgerechnet jetzt!“

„Was heißt ‚ausgerechnet jetzt‘?“ fragte Archie aggressiv. „Ich mache dich darauf aufmerksam, daß ich weitaus weniger Strom verbrauche als eine Rechenanlage in einem mittelstädtischen Verwaltungsbetrieb – ganz zu schweigen von der Tatsache, daß ich viel aufregendere Dinge schlucken muß als Gehaltsabrechnungen.“

Michael verdrehte die Augen, und Heike boxte ihm in die Rippen. ‚Reiz ihn nicht noch mehr‘, sollte das heißen.

„Meinst du, du schaffst es noch zurück bis zu Sammuramats Haus?“ fragte Thomas besorgt. „Wenn uns die Priester hier finden, können wir enorme Schwierigkeiten bekommen.“

„Hat Sammuramats Haus einen schönen sonnigen Innenhof?“ fragte Archie.

Thomas bestätigte es.

„Okay“, sagte Archie. „Dann werde ich euch mit den letzten Energiereserven dorthin bringen.“

Vor den Fenstern erschien wieder der weiße Nebel.

Nebukadnezar zupfte gedankenvoll an seinem Bart. Das, was der Priester ihm eben mitgeteilt hatte, behagte ihm ganz und gar nicht.

„Ehrwürdiger Herrscher“, begann der Priester wieder von vorne, „Ihr wißt doch, was eine Mondfinsternis für Babylon bedeutet? Unheil! Vielleicht Stürme, eine schwere Dürre, Überschwemmungen oder Mißernten ... Möglicherweise auch eine Heuschreckenplage, das hatten wir schon lange nicht mehr ...“

Nebukadnezar verzog sein Gesicht.

„Ihr habt den Tempel in Jerusalem zerstören lassen,“ sagte der Priester eindringlich. „Vielleicht trifft Euch deswegen ein Fluch. Ich weiß nicht, wie mächtig die Zauberer in Jerusalem sind, aber man muß mit allem rechnen, o Herr.“

„Und du schlägst also vor, ich soll diesen seltsamen Schläfer töten lassen?“ Nebukadnezar trommelte unruhig mit seinen Fingern auf die Armlehne. Als er sich bei dieser Angewohnheit ertappte, hielt er die Hand ruhig. „Ich weiß nicht, was ich von diesem Ratschlag halten soll.“

„Glaubt mir, Herr“, die Augen des Priesters wurden ganz starr, „dieser Traum war der schrecklichste meines Lebens. In der Nacht der Mondfinsternis wird der Schläfer erwachen, und er wird jeden mit seinem Blick töten. Blitze werden aus seinen Augen kommen, er wird seinen Mund auftun und Flammen speien, dann wird eine Feuersbrunst Babylon verzehren und dem Erdboden gleichmachen.“

„Und aus diesem Traum ersiehst du, daß es notwendig ist, den Schläfer zu töten?“ fragte Nebukadnezar.

„Nicht nur ich allein, Herr.“ Der Priester verneigte sich demütig. „Es ist Sitte, daß wir einander unsere Träume erzählen und darüber sprechen. Und die meisten der Priester waren der Ansicht, daß es Unheil bedeutet, den Schläfer am Leben zu lassen.“

„Und was sagt Ninurta dazu?“ erkundigte sich Nebukadnezar und preßte die Hand auf den Mund, um ein Gähnen zu unterdrücken. Er hatte in der Nacht zuvor sehr wenig Schlaf gefunden.

„Ninurta fand ebenfalls, mein Traum sei ein sehr ungünstiges Omen“, antwortete der Priester und beobachtete genau Nebukadnezars Reaktion, denn er wußte, daß der Herrscher große

Stücke auf die Meinung des Oberpriesters Ninurta legte. „Ninurta wird noch einmal verschiedene Orakel befragen, um ganz sicher zu gehen." Der Priester dämpfte die Stimme, so als traute er sich nicht, die folgenden Worte in normaler Lautstärke auszusprechen. „Wir glauben alle, daß der Schläfer in Wirklichkeit ein Dämon ist, o Herr."

Nebukadnezar blickte aus dem Fenster. Das, was ihm der Priester erzählte, beunruhigte ihn zutiefst. Ein Dämon ... Ein kalter Schauder lief dem König über den Rücken. Das Übernatürliche machte ihm Angst. Mit Kriegsführung und Bauplänen kannte er sich aus, er wußte, wie man die Stabilität von Türmen berechnen mußte, damit sie nicht einstürzten. Aber Dämonen waren etwas Unbegreifliches und Unberechenbares, sie ließen sich nicht fassen und tauchten immer dort auf, wo man sie am wenigsten erwartete. Solche Sachen überließ Nebukadnezar gerne den Priestern. Doch diese Angelegenheit war zu wichtig, um auf die leichte Schulter genommen zu werden.

Er mußte die Entscheidung in Ruhe treffen.

„Ich werde es mir durch den Kopf gehen lassen", murmelte er, und deutete dem Priester mit einer Handbewegung an, daß er entlassen sei.

Der Priester verneigte sich und zog sich zurück. Und weil Nebukadnezar noch immer aus dem Fenster schaute, sah er nicht das heimtückische Funkeln in seinen Augen.

Ninurta ging unruhig in seiner Kammer auf und ab und wartete auf die Rückkehr des Priesters. In drei Tagen würde die Mondfinsternis stattfinden, und die Zeit wurde allmählich knapp. Angespannt faltete er die Hände auf dem Rücken. Diesmal mußte es einfach klappen! In der letzten Zeit war zuviel schiefgelaufen. Nebukadnezar schien wirklich unter Marduks Schutz zu stehen, obwohl er, Ninurta, längst nicht mehr an den Einfluß des großen Gottes glaubte. Sicher, da gab es Dinge, die ihn stutzig machten. Die eigenartige Warnung, die dieses verkrüppelte Mädchen – angeblich Nebusaradans Tochter – auf dem Rückweg nach Babylon erhalten hatte ... Und dann die Tatsache, daß das Gerüst auf der Baustelle zu früh zusammengebrochen war ... Zwei dumme Zufälle, die vielleicht keine

Zufälle waren, sondern – Ninurta knirschte mit den Zähnen – göttliche Fügungen.

Von seiner Kammer aus sah er Babylon. Stolz erhob sich die Stadt mit ihren prächtigen Bauwerken. Bauwerke, die Nebukadnezars Werk waren, die auf jedem Ziegel sein Siegel trugen, unauslöschlich und für alle Zeiten ... Ninurtas Hände krampften sich zusammen. Wie sehr er den König haßte!

Er atmete tief durch und versuchte, sich zu beruhigen. „Es ist bald vorbei", tröstete er sich. „Diesmal wird der Plan gelingen."

Nabu, der große Gott, Sohn des Marduk, hatte es ihm versprochen, als er ihm neulich in jenem wunderbaren Traum erschienen war. „Ich mache dich zum König von Babylon, und du wirst mich anstatt meines Vaters zum Stadtgott erheben", hatte die goldene Götterstatue verkündet. „Ich will einen Turm, der größer ist als der Turm Etemenanki, und dein Name wird noch in aller Munde sein, wenn Nebukadnezar längst vergessen ist."

Ninurta zuckte zusammen, als es an der Tür klopfte. Er war so in Gedanken versunken gewesen, daß er gar nicht die Schritte auf dem Gang gehört hatte.

„Ja?"

„Ich bin's."

Mit zitternden Fingern schob Ninurta den Riegel zurück. Einer seiner Priester, ein Seher, huschte verstohlen zur Tür herein.

„Und?" fragte Ninurta ungeduldig. „Was hat er gesagt?"

Der Priester vergewisserte sich, daß die Tür geschlossen war, bevor er antwortete.

„Er will sich die Sache durch den Kopf gehen lassen ..."

Ninurta rieb sich nervös die Hände. „Hoffentlich gelingt unser Vorhaben. Wenn Nebukadnezar den Schläfer umbringen läßt und wir danach die Geschichte von seiner rätselhaften, möglicherweise göttlichen Herkunft im Volk verbreiten lassen, wird es bald aus sein mit der Sympathie für den König. Ein König, der einen Götterboten tötet, um zu vertuschen, daß die Götter einen anderen als neuen Herrscher bestimmt haben ..." Die Augen des Oberpriesters glitzerten.

„Nämlich Euch, Herr", murmelte der Priester unterwürfig.

„Ja, Belesar, wenn wir Glück haben, werden wir bald sehr mächtig sein ..."

„Es klopft!“ stellte Sammuramats Mutter fest. „Wer kann das so spät am Abend noch sein?“

Sie saß mit ihrer Tochter und den Zeitreisenden gerade auf der Dachterrasse beim Abendessen. Heike warf einen beunruhigten Blick von der Terrasse in den Garten hinein. Die Zeitmaschine stand in einer Ecke, notdürftig getarnt mit einigen Sträuchern. Zu sehr hatten sie die Maschine nicht verstecken können, da die Solarzellen Licht benötigten. Zum Glück hatte noch niemand die Maschine entdeckt, nicht einmal Sammuramats Mutter. Das Mädchen hatte den Freunden versichert, daß normalerweise kaum jemand den Garten betrat, und vom Erdgeschoß aus war die Maschine nicht sichtbar. Man erblickte sie eigentlich nur von der Terrasse aus, und Heike hielt jedesmal den Atem an, wenn Sammuramats Mutter den Kopf drehte.

„Wer kann uns zu dieser späten Stunde noch besuchen?“ wiederholte die Frau. Sie erhob sich, um hinunterzugehen und nachzusehen, wem der Diener die Tür geöffnet hatte. Doch da eilte schon eine Gestalt die Treppe herauf und nahm die Frau in die Arme.

„Nebusaradan! Du bist zurück – jetzt schon?“

„Ja, ich habe mich beeilt. Ich war noch gar nicht im Palast, sondern bin zuerst zu euch gekommen, um zu sehen, ob alles in Ordnung ist.“

„Vater!“ Sammuramat sprang auf und umarmte ihn ebenfalls. „Stell' dir vor, was passiert ist! Ich wollte den König warnen, doch man ließ mich nicht vor, dann haben wir ihm aufgelauert, und dabei ist das Gerüst zusammengebrochen und dann –“

„Langsam, immer der Reihe nach“, mahnte Nebusaradan. Er hielt seine Tochter eine Armlänge von sich entfernt. „Laß dich ansehen. Wirklich, in den paar Tagen bist du noch schöner geworden.“

Sammuramat senkte bescheiden die Lider, dann schlug sie die Augen wieder auf und fuhr aufgeregt fort: „Aber wir wissen den Namen von einem Verschwörer: Malik-Schamasch. Vielleicht kannst du –“

„Kind, laß deinen Vater doch erst einmal verschnaufen“, tadelte die Mutter.

„Ja, kaum bin ich da, werde ich überfallen.“ Nebusaradan

lachte. „Deine Freunde sind ja auch hier. Seid ihr gut angekommen? Offengestanden habe ich mir schon große Sorgen gemacht, weil ich euch in die Wüste gelassen habe …“

„Es hat alles geklappt“, erzählte Sammuramat. „Ach so, wir sind von Räubern angegriffen worden …“

Nebusaradan erbleichte.

„… aber wir sind ihnen zum Glück entkommen“, berichtete Sammuramat eifrig. „Aber viel wichtiger ist es, daß wir jetzt einen der Verschwörer kennen, und du mußt unbedingt –“

„Sammuramat“, rügte die Mutter. „Diese Geschichten haben doch Zeit!“

„Nein, Vater, es eilt, jede Minute ist kostbar. Sie wollen Nebukadnezar wirklich umbringen. Malik-Schamasch sollte dafür bezahlt werden, aber weil das Gerüst zu früh zusammengestürzt ist, bekam er kein Geld, und er hat sich mit seinem Komplizen gestritten. Es gab sogar eine Schlägerei. Vielleicht ist Malik-Schamasch bereit zu reden, wenn er straffrei ausgeht … Irgendwie scheinen auch Priester in die Verschwörung verstrickt zu sein.“

All dies hatte Sammuramat in einem einzigen Atemzug herausgesprudelt. Jetzt mußte sie erst einmal tief Luft holen.

Nebusaradan blickte seine Tochter an, halb beunruhigt, halb zweifelnd. „Kind, ist das wahr, was du mir da erzählst?“

Sammuramat nickte. „Du mußt etwas tun, Vater. Du bist doch bei Hof sehr einflußreich. Man sagt sogar, du seist einer der engsten Vertrauten des Königs! Wenn jemand Nebukadnezar noch retten kann, dann du! Auf dich wird er hören!“

Nebusaradan rieb sich verlegen das Kinn. „Ich glaube, du überschätzt deinen Vater etwas. Selbst wenn ich es wollte, könnte ich nicht sehr viel tun. Das heißt …“ Seine Augenbrauen zogen sich zusammen. „Wie war der Name dieses einen Mannes, Malik-Dings?“

„Malik-Schamasch“, wiederholte Sammuramat. „Im ‚Goldenen Krug‘ kennt man ihn, vielleicht bekommst du heraus, wo er wohnt und kannst ihn dir vorknöpfen. Bitte, Vater …“

„Willst du dich nicht endlich setzen?“ bat die Mutter ihren Gatten. „Wir haben köstlich frische Pastete …“

„Später“, wehrte Nebusaradan ab. „Ich muß noch einmal kurz weg, doch ich bin gleich wieder da, das verspreche ich.“

Er machte sich los und eilte die Stufen hinunter. Sammuramat beugte sich übers Geländer und schrie ihm nach: „Du gehst du Nebukadnezar, ja?“

Die Zeitreisenden hörten zwar Nebusaradans Antwort nicht, aber als Sammuramat an den Tisch zurückkehrte, lag auf ihrem Gesicht ein kleines, zufriedenes Lächeln.

Unmerklich hob und senkte sich die Brust des Schläfers. Seufzend trat die Priesterin an das goldene Bett und betrachtete seine Züge. Schön war er eigentlich nicht ...

„Wenn ich nur wüßte, woher du kommst“, murmelte die Priesterin. Sie hatte es sich angewöhnt, mit dem Schläfer zu sprechen, obwohl sie niemals eine Antwort erhielt. „Bist du ein Gott oder keiner? Welche Botschaft bringst du uns? Oh, könnte ich nur ein einziges Mal deine Stimme hören, dann wüßte ich, wozu ich hier Tag und Nacht mit Warten verbracht habe ...“

Sie strich ihm eine Haarsträhne aus dem Gesicht. „Wirst du uns den Untergang Babylons verkünden? Oder erzählst du uns vielleicht, daß es dort, wo du herkommst, Welten gibt, die wir uns gar nicht vorstellen können? Ach, würdest du nur endlich deine Augen aufschlagen! Welche Farbe haben sie wohl?“

Der Schläfer rührte sich nicht. Die Priesterin zögerte, dann beugte sie sich langsam über sein Gesicht, ergriff mit zwei Fingern ein Augenlid und zog es vorsichtig hoch. Im gleichen Moment stürzte ein Priester zur Tür herein, und die Frau fuhr so erschrocken zurück, als sei sie bei einem Frevel ertappt worden.

„Ach, Ihr seid es, Ninurta.“ Ihr Herz klopfte heftig. Was wollte der Oberpriester hier in diesem Heiligtum, das normalerweise nur ihr und dem Schläfer vorbehalten war?

„Gibt es etwas Neues?“ fragte Ninurta gepreßt. „Hat er geredet oder sich wenigstens bewegt?“

Die Priesterin schüttelte den Kopf. „Sein Zustand ist unverändert. Ich wünschte, ich könnte Euch etwas anderes berichten.“

„Verlaßt den Raum“, befahl Ninurta knapp. „Ich will mit dem Schläfer allein sein.“

Irgend etwas in seinem Tonfall machte die Priesterin stutzig. „Es ist mein Auftrag, in diesem Raum zu wachen“, entgegnete sie. „Ich darf ihn nicht ohne wichtigen Grund verlassen.“

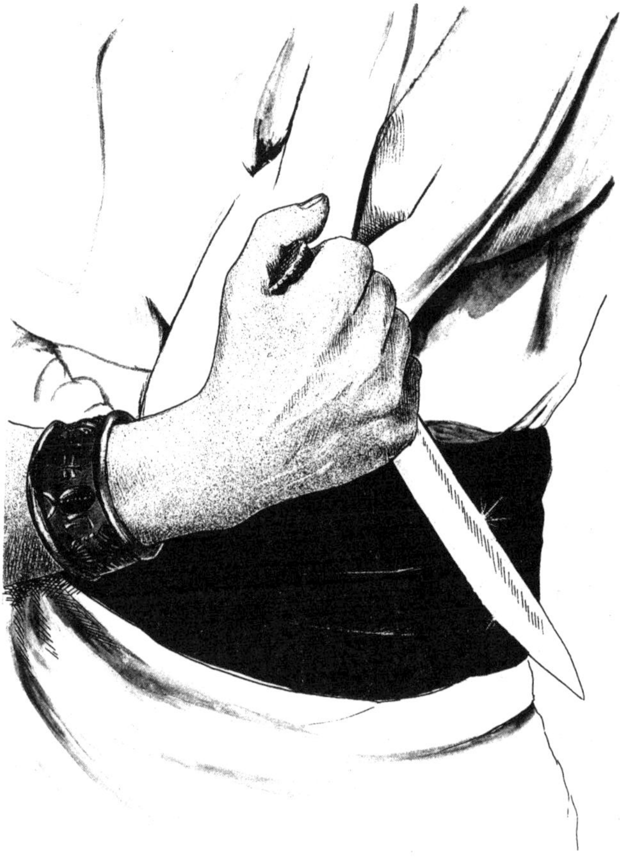

„Dies ist ein wichtiger Grund“, knurrte der Oberpriester und machte eine ungeduldige Handbewegung. „Laßt mich allein.“

Die Priesterin neigte den Kopf und zog sich zurück. Sie bemühte sich, ihren Unmut nicht zu zeigen. Ein dunkles Gefühl bewog sie jedoch, hinter der Tür stehenzubleiben und durch einen Spalt zu schauen. Und so sah sie, wie der Oberpriester einen blitzenden Dolch aus den Falten seines Gewands zog.

„Nein!“ schrie die Priesterin und stürzte zurück in den Raum. „Was tut Ihr da?“

„Ich führe nur Nebukadnezars Auftrag aus“, sagte Ninurta eisig und hielt dem Schläfer den Dolch an die Kehle. „Er lautet: ‚Töte den Schläfer im Turm, damit das Unheil der Mondfinsternis abgewehrt wird. Es ist der Wille des großen Marduk.‘“

Die Priesterin schüttelte heftig den Kopf, während sie am ganzen Leib zu zittern anfing. „Das kann nicht sein! Das ist unmöglich! Er ist doch ein Bote der Götter …“

„Zweifelst du etwa an der Richtigkeit dessen, was Nebukadnezar befiehlt?“ fragte Ninurta drohend.

„Nein“, stammelte die Priesterin, „ich … äh …“ Sie warf einen verzweifelten Blick auf den Schläfer, der reglos dalag und nichts von dem Unheil ahnte. „Aber Ihr könnt ihn doch nicht einfach umbringen!“

„Es ist der Befehl des Königs“, entgegnete der Oberpriester kalt. „Du brauchst nicht dabei zuzusehen. Ich habe dir gesagt, du sollst den Raum verlassen.“

Die Priesterin schluckte und biß sich auf die Lippen. Sie kämpfte mit sich. Gegen den Befehl des Königs war nichts auszurichten. Andererseits – der Schläfer war ihr in den vergangenen Tagen und Nächten so vertraut geworden, daß sie seinen Tod einfach nicht zulassen konnte.

„Du bist ja noch immer hier“, sagte der Oberpriester, ohne sie anzusehen.

„Marduk hat mir befohlen zu bleiben“, antwortete die Priesterin. Sie wunderte sich, wie ruhig ihre Stimme auf einmal klang. Offenbar wunderte sich auch Ninurta darüber, denn jetzt wandte er den Kopf.

Marduks goldenes Haupt schwebte drohend über ihm.

Dann ließ die Priesterin das Götterbild auf ihn herabfallen.

„Noch immer diese Interferenzen“, klagte Archie und stöhnte wie unter starkem Schmerz.

„Laß dich davon nicht irremachen“, meinte Thomas. „Sammuramat hat inzwischen erfahren, daß man den Professor wieder in den obersten Raum des großen Turms gebracht hat. Dort ist er angeblich aufgetaucht. Keine Ahnung, wie lange sie ihn dort oben lassen, vermutlich nur, bis ihnen wieder etwas anderes einfällt. – Haben wir genügend Energie?“

„Die Energie ist ausreichend“, gab Archie sachlich zurück.

„Streng’ dich an, Archie“, sagte Michael eindringlich. „Diesmal müssen wir es einfach schaffen!“

„Ich strenge mich immer an“, antwortete der Computer beleidigt, und deswegen glitt die Einstiegsluke etwas heftiger zu als sonst. Thomas betätigte den Starthebel, und gleich darauf ertönte das vertraute Dröhnen der Maschine.

Durch ein Fenster beobachtete Heike, wie der Garten verschwand. Sammuramats winkende Hand war noch kurze Zeit sichtbar, dann umhüllten sie weiße Nebelschwaden. Heike seufzte.

„Hoffentlich haben wir diesmal Glück.“

„Ob Nebusaradan die Verschwörer wirklich ausfindig machen kann?“ murmelte Michael. „Jetzt erfahren wir es vermutlich gar nicht mehr.“

„Wichtiger ist, daß wir Onkel Ambrosius nach Hause bringen“, meinte Heike. „Er hätte uns sowieso wieder vorgeworfen, daß wir uns viel zu sehr in Dinge einmischen, die uns nichts angehen.“

„Achtung“, warnte Archie. „Die Landung erfolgt in wenigen Sekunden.“

Wenig später setzte die Zeitmaschine mit einem heftigen Ruck auf.

„Archie!“ sagte Thomas vorwurfsvoll.

„Entschuldigung“, brummte der Computer. „Wir sind am Ziel. Der Zeitpunkt ist etwas ungünstig, aber ... Die blöden Interferenzen sind hier am stärksten. Ich bin überzeugt, sie kommen aus diesem Raum!“

Die Luke öffnete sich.

Die Zeitreisenden sahen zuerst das goldene Bett, in dem Professor Ambrosius ruhte. Dann entdeckten sie einen bewußtlosen Mann am Boden, daneben lag ein verbeultes Götterbild. Eine Priesterin aber kniete neben dem Bett, umklammerte Professor Ambrosius’ Arme und schluchzte.

Die Kinder wechselten einen Blick.

„Oh Mann“, sagte Michael. „Ich hab’s doch gewußt: Diesmal geraten wir von einem Schlamassel ins nächste.“

Die Priesterin hörte das Geräusch hinter sich und blickte sich um. Sie sagte kein einziges Wort, sondern ließ den Professor los, strich sich die Strähnen aus dem Gesicht und stand auf.

„Ähäm“, sagte Thomas. „Wir wollten den Schläfer holen. Er gehört nämlich zu uns.“

Die Priesterin lächelte. „Ich wußte es, daß ihr ihn nicht im Stich laßt.“

„Kennst die uns?“ fragte Michael irritiert.

Heike schüttelte den Kopf. „Ich glaube nicht.“

„Marduk läßt es nicht zu, daß sein Bote getötet wird“, sagte die Priesterin. „Sicher hätte es gar nicht meines Eingreifens bedurft. Der Gott hat mich auf eine Probe gestellt.“

Thomas räusperte sich. „Genauso war's.“ Er zwinkerte den anderen zu. „Und jetzt bringen wir den Schläfer mit unserem Zauberwagen dorthin zurück, woher er gekommen ist.“

Die Priesterin trat zur Seite. Thomas, Heike und Michael hievten gemeinsam den Professor aus dem Bett.

„Du liebe Güte!“ Michael stöhnte. „Ist der aber schwer. – Aus dem Weg, Moorteufel!“

Der Hund beschnupperte den ohnmächtigen Oberpriester. Seine Schnauze berührte den Dolch, der neben dem Mann auf dem Boden lag. Heikes Blick fiel darauf. Sie schluckte.

„Ich glaube, trotz alledem haben wir noch einmal Glück gehabt.“

„Sag' ich doch“, murmelte Michael. „Solche Glückspilze wie uns gibt's nicht noch mal. Uff, verflixt, hat Onkel Ambrosius Blei in den Knochen?“

Endlich hatten sie den Erfinder in die Zeitmaschine geschafft. Zusammengesunken saß er auf einem der Sessel, und Heike mußte aufpassen, daß er nicht vornüberkippte. Die Priesterin sah reglos dem Treiben zu, und als die Einstiegsluke zuglitt, neigte sie ehrfürchtig den Kopf.

„Los, Archie“, befahl Thomas. „Bring' uns nach Hause.“

„Ist mein Meister an Bord?“ fragte der Computer. „Hallo, Schöpfer!“

Professor Ambrosius gab keine Antwort.

„Was hat er denn?“ fragte Archie beunruhigt.

„Keine Ahnung“, entgegnete Michael. „Vermutlich Schlafsucht. Wir werden uns zuhause um ihn kümmern.“

Insgeheim hegten die Zeitreisenden die Hoffnung, daß die seltsame Krankheit des Professors durch die Reise im Zeitstrom vergehen würde – genau, wie es bei Thomas und Sammuramat gewesen war. Doch als sie in der Tropfsteinhöhle landeten, war der Zustand des Professors unverändert. Das Programm ZHW – Zeit heilt Wunden – hatte bei ihm nicht gewirkt.

„Vermutlich liegt es an der Funktionsweise des Zeit-Traum-Apparats", grübelte Archie, der sich ernstlich Sorgen um den Erfinder machte.

„Wenigstens habe ich das Heilmittel aus den Hängenden Gärten", erinnerte sich Heike. Sie tastete nach ihrer Hosentasche, wo sie die Blätter vom Baum-des-Neuen-Erwachens aufgehoben hatte. Doch die Tasche war leer.

„Oh Mann!" Michael schlug sich gegen die Stirn. „Hast du vergessen, daß wir aus einer fremden Zeit nichts mitnehmen können?"

Der Computer war so programmiert, daß alle Gegenstände, die in die Vergangenheit gehörten, auch dort blieben.

Heike hatte tatsächlich nicht daran gedacht. „So ein Mist!" Sie biß sich auf die Lippen. „Was jetzt?" Es hätte nicht viel gefehlt, und sie hätte vor lauter Enttäuschung geheult, obwohl sie glücklich ins zwanzigste Jahrhundert zurückgekehrt waren.

„Eine Möglichkeit gibt es", meldete sich Archie zu Wort, nachdem er eine Weile nachgedacht hatte. „Ihr müßt die gleiche Umgebung schaffen wie bei seinem Verschwinden. Also bringt ihn zurück in sein Bett und schließt den Zeit-Traum-Apparat wieder an."

Die Kinder sahen einander an.

„Und du meinst, das nützt etwas?" zweifelte Michael.

„Ihr müßt es einfach versuchen", sagte Archie.

„Wie bringen wir ihn ins Haus?" fragte Heike. „Die ganze Zeit tragen? Das schaffen wir nicht!"

„Und die Zeitmaschine paßt nicht ins Zimmer", stellte Michael fest. „Wir könnten höchstens im Garten landen."

„Damit Frau Schneider morgen früh große Augen macht", entgegnete Thomas. „Nein, ich habe eine bessere Idee. Ich hole das Solarmobil. Dann hieven wir den Professor hinten drauf und bringen ihn zurück ins Haus. Das wird wohl klappen."

„Traust du dir denn zu, das Solarmobil zu fahren?“ fragte Heike.

Thomas zwinkerte. „Klar, ich hab’s doch schon mal probiert.“

Das Solarmobil war ein Auto, das Professor Ambrosius erfunden hatte. Es fuhr nicht mit Benzin, sondern mit Sonnenkraft, und der Professor hoffte, daß sich seine Erfindung eines Tages auf dem Automarkt durchsetzen würde. Sein Solarmobil hatte momentan noch den Nachteil, daß nur eine einzige Person damit fahren konnte. Auch paßte sehr wenig Gepäck hinein. Aber so, wie Thomas es vorgeschlagen hatte, würde es wohl gehen.

Die Kinder zerrten und schleppten den Professor bis zum Höhlenausgang. Erst dort merkten sie, daß es mitten in der Nacht und stockfinster war.

„Natürlich, wir sind ja nachts abgefahren“, erinnerte sich Thomas. „Hoffen wir nur, daß das Solarmobil noch genügend Reservestrom für unseren Transport hat.“

Während Thomas verschwand, überlegte Heike krampfhaft, ob der Professor in den letzten Tagen das Solarmobil häufig benutzt hatte, aber es fiel ihr nicht mehr ein. Ihr Zeitgefühl war nach den Reisen in die Vergangenheit immer ziemlich durcheinander.

Nach einer Ewigkeit kehrte Thomas zurück.

„Na endlich“, empfing ihn Michael. „Bist du zu Fuß gegangen?“

„Ich hab’ das Solarmobil oben auf dem Feldweg geparkt“, berichtete Thomas. „Den Abhang bin ich lieber nicht heruntergefahren.“ Er grinste. „Obwohl es sicher mühelos durch die Absperrung gepaßt hätte.“

Das Solarmobil war nämlich ein ausgesprochen flaches Fahrzeug.

Das Vorhaben gelang, und obwohl Michael behauptete, nie wieder die Arme heben zu können, hatten sie den Professor eine Dreiviertelstunde später in sein Bett verfrachtet und den Zeit-Traum-Apparat aufgebaut.

„Und wenn Onkel Ambrosius wieder verschwindet?“ warf Heike ein.

„Dann wissen wir wenigstens gleich, wo wir ihn suchen müssen“, erwiderte Michael.

Gespannt beobachteten die Kinder, was passieren würde.

Es geschah nichts. Der Zustand des Professors blieb unverändert.

„Archie hat sich geirrt", sagte Michael gepreßt. „Der wacht nie wieder freiwillig auf."

Heike und Thomas wechselten einen ratlosen Blick.

„Und jetzt?" fragte Thomas kleinlaut.

Heike schluckte. „Vielleicht ... vielleicht sollten wir den Notarzt anrufen ... und man kann im Krankenhaus ..." Sie hob die Schultern.

Diesmal waren sie mit ihrem Latein am Ende.

„Gut", meinte Michael schließlich. „Rufen wir ihn an. Alles andere hat ja doch keinen Sinn mehr."

Sie gingen ins Erdgeschoß. Im Flur stand der Telefonapparat. Thomas suchte die Nummer.

Heike hatte schon den Hörer in der Hand. „Kann man da jetzt anrufen?" fragte sie. „Es ist doch mitten in der Nacht."

„Den Notarzt kann man immer anrufen", antwortete Thomas.

Heike holte tief Luft und begann, die Wählscheibe zu drehen.

In diesem Augenblick rumpelte es über ihnen.

„Das war im Schlafzimmer", sagte Michael.

Sie starrten ungläubig zur Decke.

„Rettungsleitstelle", ertönte es aus dem Hörer, aber Heike knallte ihn wortlos auf die Gabel zurück.

Thomas war als erster oben und riß die Schlafzimmertür auf.

Professor Ambrosius hockte auf der Bettkante und tastete auf dem Nachttisch nach seiner Brille. Er setzte sie auf und lächelte.

„Meine Güte, so gut habe ich noch nie im Leben geschlafen! Ich fühle mich wie neugeboren! Bäume könnte ich ausreißen! Was ist mit euch? Habt ihr nicht mal wieder Lust auf eine kleine Reise mit der Zeitmaschine?"

Ende

ZEIT MASCHINE
MAGAZIN
Geheiminformation
für ZM Leser
VON MARLIESE AROLD

Lieber ZM-Leser

na, hat Dir die Geschichte gefallen? Willst Du jetzt auch mit der Zeitmaschine aufregende Abenteuer erleben? Ich schon! Denn in einer fremden Epoche gibt es viele merkwürdige und interessante Sachen zu entdecken! Wetten, daß nicht einmal Dein Lehrer alles weiß? Klar, er ist ja nicht ARCHIE, der Computer, und kein Mensch kann alles im Kopf behalten! Außerdem kann man's hier nachlesen ...

Viel Spaß wünscht Dir Deine

BABYLON:

Stadt am Euphrat (heute verläuft der Euphrat anders als zur Zeit Nebukadnezars!), wurde ca. 1700 v. Chr. unter dem König Hammurabi bedeutend und einflußreich. Der Stadtgott von Babylon ist Marduk. Seine Blütezeit ereichte Babylon unter der Regierung von Nebukadnezar II.

ESAGILA:

Marduk-Tempel in Babylon; im Gegensatz zum „Zikkurat" ein Tempel, der zu ebener Erde errichtet war.

EZIDA:

Tempel in Borsippa, einem Vorort von Babylon.

HAMMURABI

(1728–1686 v. Chr.): König aus altbabylonischer Zeit. Berühmt ist der Kodex Hammurabi, die wichtigste Rechtsammlung des Alten Orients. Daraus stammt auch die Regelung: „Auge um Auge, Zahn um Zahn".

ISCHTAR:

babylonische Göttin der Liebe und des Krieges

JERUSALEM:

Die Stadt wurde zweimal von Nebukadnezar II erobert (597 bzw. 587 v. Chr.). Jedesmal wurden zahlreiche Juden als Gefangene nach Babylon geführt. Sie wurden jedoch nicht getötet und auch nicht versklavt, sondern lebten dort als eine Art „halbfreie“ Umsiedler.

KEILSCHRIFT:

Schrift, die v. a. in Babylonien und Assyrien gebräuchlich war. Sie geht auf die Bilderschrift zurück, die um 3000 v. Chr. in Uruk entstand. Man schrieb mit einem Rohrgriffel in weichen Ton, der später getrocknet oder gebrannt wurde.

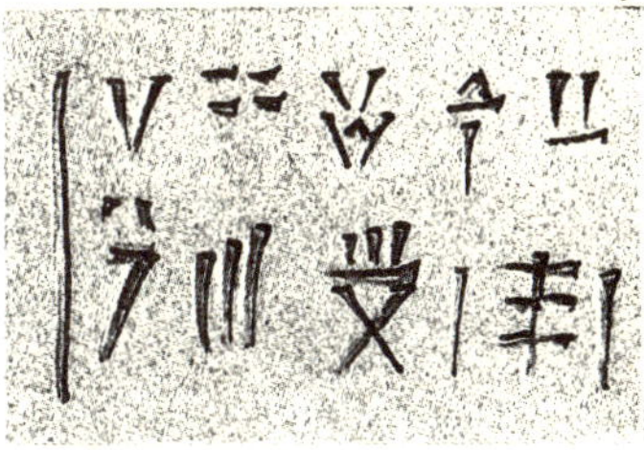

MARDUK:

Hauptgott der Babylonier

MESOPOTAMIEN:

das „Land zwischen den Flüssen“ – Bezeichnung für das Gebiet zwischen den Flüssen Euphrat und Tigris. Die jährlichen Überschwemmungen machten das Land sehr frucht-

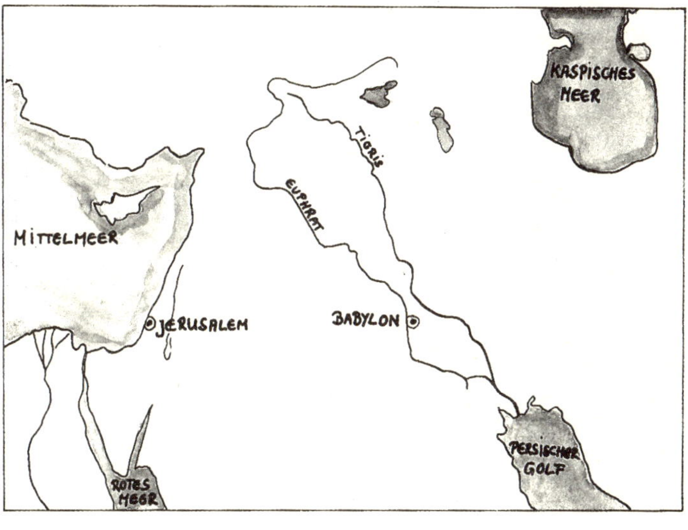

bar. Bis zu drei Ernten waren im Jahr möglich. Die Fruchtbarkeit des Landes zog viele Fremde an, deswegen vermischten sich dort immer wieder die Völkerstämme und Kulturen.

NABOPOLASSAR:

König von Babylon, regierte von 626 v. Chr. bis 605 v. Chr.; Vater von Nebukadnezar II. Schon Nabopolassar begann mit der architektonischen Erneuerung und Verschönerung Babylons.

NEBUKADNEZAR II:

regierte als König von Babylon fast 45 Jahre. (von 605 v. Chr. bis 562 v. Chr.). Er betrachtete sich als Günstling des Gottes Marduk. Nabukadnezar eroberte zweimal Jerusalem (597 bzw. 587 v. Chr.). Sein Ziel war es, Babylon zur schönsten Stadt zu machen. Er baute auch den Turm von Babel wieder auf.

REM:

Rapid Eye Movement = schnelle Augenbewegung. Schlafforscher haben festgestellt, daß sich die Augäpfel des Schläfers bewegen, wenn er gerade träumt.

SCHAMASCH:

babylonischer Sonnengott, auch Gott der Gerechtigkeit.

ZEDEKIA:

König der Juden, nach dem Fall Jerusalems 587 v. Chr. von Nebukadnezar II gefangengenommen und geblendet. Seine beiden Söhne wurden getötet.

ZEITRECHNUNG:

Die Babylonier teilten das Jahr bereits in zwölf Monate (zu 29 oder 30 Tagen) ein. Etwa alle 6 Jahre wurde ein Schaltmonat dazwischen geschoben. Der Tag besaß zwölf „Stunden“, die Stunde dreißig „Minuten". Eine babylonische „Minute" entsprach also vier heutigen Minuten.

ZIKKURAT:

Hochtempel – ein Turm, in dessen Spitze sich das Heiligtum befindet. Am berühmtesten ist der Turm von Babel, der Marduk geweiht war und den Beinamen „Etemenanki" (Grundstein des Himmels und der Erde) erhielt. Sein Grundriß betrug 91 Meter im Quadrat, und er war mehr als 90 Meter hoch.

PROFESSOR AMBROSIUS' TROPFSTEINHÖHLE
alter Steinbruch
Fledermäuse
Archies Kontrollpunkt
Eingang